当代国外学术前沿译丛·5

丛书主编 | 徐向梅　刘承礼

Development of Contemporary China:
Views from Overseas China Specialists

海外学者论当代中国发展

本卷主编————周艳辉　顾海燕

中央编译出版社
Central Compilation & Translation Press

图书在版编目（CIP）数据

海外学者论当代中国发展 / 周艳辉，顾海燕主编. —北京：中央编译出版社，2019.12
（当代国外学术前沿译丛 / 徐向梅，刘承礼主编）
ISBN 978-7-5117-3773-1

Ⅰ. ①海… Ⅱ. ①周… ②顾… Ⅲ. ①中国经济－经济发展－研究 Ⅳ. ①F124

中国版本图书馆 CIP 数据核字（2019）第 287347 号

海外学者论当代中国发展

出 版 人：葛海彦
出版统筹：贾宇琰
责任编辑：赵 灿
责任印制：刘 慧
出版发行：中央编译出版社
地　　址：北京西城区车公庄大街乙 5 号鸿儒大厦 B 座（100044）
电　　话：(010) 52612345（总编室）　　(010) 52612341（编辑室）
　　　　　(010) 52612316（发行部）　　(010) 52612346（馆配部）
传　　真：(010) 66515838
经　　销：全国新华书店
印　　刷：北京中兴印刷有限公司
开　　本：710 毫米 × 1000 毫米　1/16
字　　数：166 千字
印　　张：11.25
版　　次：2019 年 12 月第 1 版
印　　次：2019 年 12 月第 1 次印刷
定　　价：58.00 元

网　　址：www.cctphome.com　　邮　箱：cctp@cctphome.com
新浪微博：@中央编译出版社　　微　信：中央编译出版社(ID: cctphome)
淘宝店铺：中央编译出版社直销店(http://shop108367160.taobao.com)
　　　　　(010) 55626985

本社常年法律顾问：北京市吴栾赵阎律师事务所律师　闫军　梁勤
凡有印装质量问题，本社负责调换，电话：(010) 55626985

丛书总序

2017年9月29日,习近平总书记在主持中共中央政治局第43次集体学习时指出:"学习研究当代世界马克思主义思潮,对我们推进马克思主义中国化,发展21世纪马克思主义、当代中国马克思主义具有积极作用。"他还强调,为了回答因世界格局加快演变所产生的大量深刻复杂的现实问题和理论课题,"需要我们加强对当代资本主义的研究,分析把握其出现的各种变化及其本质,深化对资本主义和国际政治经济关系深刻复杂变化的规律性认识"。作为长期跟踪国外马克思主义、世界社会主义、当代资本主义新动态、新观点,反映当代世界经济、政治、文化和社会领域新情况、新问题和新趋势,介绍国外对我国改革开放和中国特色社会主义研究的新成果的综合性理论期刊,《国外理论动态》杂志在这些方面为国内学界积累了大量基础性、前沿性的文献资料。为学习贯彻习近平新时代中国特色社会主义思想和党的十九大精神,杂志编辑部从近年发表的文章中优选了一批有代表性的译文,编辑出版这套五卷本"当代国外学术前沿译丛"以飨读者。

第一卷《当代国外马克思主义理论与思潮》集中反映了国外马克思主义学者和左翼学者对马克思及马克思主义基本理论的研究和阐释、对当代马克思主义发展进行的理论反思,以及运用马克思主义立场、观点和方法对当代资本主义进行的批判。

第二卷《当代西方左翼社会思潮与文化批判》重点关注社会批判理论、文化批判理论、乌托邦思潮和激进左翼思潮,通过对身体政治、身份政治、主体性、交错性等热点问题，以及多元文化主义、女性主义、后殖民主义、后现代主义等前沿思潮的探讨，介绍西方左翼学者对当代资本主义发展的批判性反思。

第三卷《当代资本主义政治发展与理论反思》围绕西方民主的衰退、全球化时代国家的作用、资本主义国家政治制度的危机以及互联网时代政治发展的新形式等问题进行探讨，反映了近年来西方学者对资本主义国家政治发展过程中出现的问题与危机的反思。

第四卷《当代资本主义经济发展与制度批判》追踪资本主义在科技革命和全球化背景下应对危机、冲突所进行的自我调整，考察资本主义经济形式和发展模式出现的新变化及其实质，剖析资本主义危机及其具体表现形式，反思和批判新自由主义经济制度的弊端及其后果。

第五卷《海外学者论当代中国发展》收录了海外学者从不同视角对中国改革开放所取得的伟大成就、中国发展道路及其历史意义、中国的经济政治社会发展变化的观察和研究。

本套丛书所选文章的作者来自世界上二十多个国家，他们对当代马克思主义发展现状的理论性探讨、对当代资本主义制度的批判性反思，反映了经济全球化程度不断加深、世界格局日益显现出多极化趋势、各个国家和民族的发展呈现出多样性特征的背景下不同国家和地区的学者对世界发展与人类命运的共同关切。他们对当代中国发展成就与发展道路研究的热情体现出中国成长所产生的世界影响力，也体现出世界对不同发展道路的承认和包容。这些观察和思考有的基于马克思主义的视角，有的源于西方传统的理论框架，对中国道路的理解也未必能够准确地关照中国的现实，但对我们来说也是"他山之石"。在研读这些观点时，站稳马克思主义的立场，是我们一贯提倡的。

徐向梅　刘承礼
2019 年 6 月 26 日

《海外学者论当代中国发展》导读

改革开放开创了中国特色社会主义事业，其所取得的伟大成就举世瞩目，中国的发展自然也进入了海外学者的研究视野。来自不同研究领域、具有不同理论背景的海外学者从不同的角度围绕当代中国发展展开了讨论和分析，他们在理论框架、研究方法、论证数据等方面的不同必然导致其理论观点的差异。但是，从问题意识层面来看，总体上他们的思考是围绕着"中国获得成功的原因是什么""与其他发展模式相比，中国道路的独特性"等方面展开的。正是在上述这些核心问题的引导下，海外学者就中国的总体发展模式以及在经济、政治、社会等领域的具体发展状况展开了深入的、各具特色的研究。"他山之石，可以攻玉"，为此本书收录了近年来海外学者在上述领域的重要研究成果。

随着中国的迅猛发展，海外学界关于中国道路或中国模式的讨论也急剧增加，本书收录的相关文章从宏观层面关注了这一议题。总体上看，海外学者从比较的视野出发，一方面将中国的发展道路放在世界范围内的"发展模式家族"中来进行考察，尤其是以西方的现代化发展道路作为对照背景，另一方面从长时段的历史维度探究了中国道路的发展历程。绝大部分海外学者承认中国道路的独特性，主张不能将其看作西方模式的一个偏差，而应该从其自身来评估中国道路的重要价值。

中国的改革开放首先从经济领域拉开大幕，中国创造的经济奇迹也最先引发了海外学者的高度关注。通过对中国经济发展模式取得成功的原因及其特征的分析，他们高度肯定了中国采取的渐进式改革路径，因为它使中国避免陷入新自由主义发展道路导致的经济困境。他们指出，中国经济发展取得成功的基础在于实施了适应本国国情和发展目标的政策和战略。从这一点衍生出的观点是，其他发展中国家不能简单效仿中国的经济模式。此外，中国的经济发展模式也需要通过创新进行自我调整，从出口拉动型增长转向需求拉动型增长。

西方现代化理论的基本命题之一就是"经济发展带来民主化"。对于深受现代化理论影响的海外学者而言，中国经济的快速发展必然促发其对中国政治发展的理论兴趣。本书收录的相关文章表明，虽然中国并没有像西方某些主流理论所预期的那样转向西方式的民主，却维持了国家的强大、社会的稳定和经济的发展。在探究其原因时，他们考察了地方政府的作用、基层民主的发展等因素，认为它们促进了中国政治的稳定和发展。

经济的发展和政治的进步必然触发社会的变革，反过来，社会的变化也影响着经济和政治的发展。改革开放以来，中国城乡社会的结构均发生了巨大变化，海外学者从不同切入点对此展开了研究。他们认为，中国政府采取了一系列有力措施来应对社会发展带来的种种问题，如社区建设、养老保障体系的建立等。不过，人口流动加剧、社会老龄化等问题依旧需要国家进一步完善社会治理机制。

概言之，海外学者关于当代中国发展道路的研究为我们提供了可资借鉴的考察视角和观点。但是，在他们运用根源于西方的理论框架来关照中国的具体实践时，中国的很多实践往往成为这些既有理论无法解释的"例外"，而理论与现实之间的这种"鸿沟"恰恰应该是国内学者的着力之处，这正是我们编辑出版本书的最终旨归。本书在编译过程中，对收录的文章进行了删改。因能力所限，本书在文献的收集方面难免有所遗漏，敬请各位专家斧正。

目　录
Contents

从长时段的观点看中国发展
　　彭慕兰　著　　云南师范大学马克思主义理论研究中心　译 / 1

超越华盛顿共识
　　乔万尼·阿瑞吉　张　璐　著　　任雪梅　译 / 11

中国及其经济改革的理念
　　托马斯·罗斯基　著　　宫　武　译 / 33

中国新发展模式的核心
　　约瑟夫·E. 斯蒂格利茨　著　　包金平　译 / 50

中国特色体制：能否成为其他国家的学习模式
　　巴里·诺顿　著　　陈振东　黄燕欢　译 / 71

长征：中国经济转型的经验
　　拉斯洛·阿尔沃　安德拉什·施勒特　著　　和　军　陈　路　译 / 93

中国农村从村民选举到乡村协商：协商民主试验的一个案例研究
　　何包钢　著　　周艳辉　译 / 109

论"社区"的多样性与中国的"社区建设"
　　赵寿星　著 / 129

老龄化社会的社会保障问题
　　——以澳大利亚和中国为例
　　华安德 著　宋阳旨 译 / 144
市场、人口流动与中国户籍制度的变迁
　　杨杰生 著　赵 炜 译 / 161

从长时段的观点看中国发展*

彭慕兰** 著　云南师范大学马克思主义理论研究中心　译

[内容提要] 该文从比较研究的视角,以西方的现代化发展道路作为对照背景,分析了数个世纪以来中国独特的发展模式。作者认为,这一发展模式在很长的一段时间内,为世界上人口最多的国家中的大多数人提供了高于世界平均值的生活水平,而且其对生态环境的影响远小于西方富裕国家,因此,不能将这一模式看作一个偏差,而要用其自身的方式来评估其重要价值。

[关键词] 发展模式　现代化道路　中国

在那些涉足历史的发展经济学家（而不是那些像我这样涉足发展经济学的历史学家）中,近来有相当多关于什么是所谓"财富逆转"（reversal of fortunes）的争论。一方认为,世界上许多曾经相对富裕的地区已变得贫穷,这是因为某些方面的成功导致了后来变成重大不利因素的某些结果和制度形态。相反的立场认为：有利因素和不利因素往往是随着时间的推移而累积起来的；如果人们认识到根除某种行为方式是符合其利益的,那么几乎不存在哪种行为方式根深蒂固到不能根除；并且,尽管存在某些暂时的异常现象,

---

* 本文原载《美国哲学学会会刊》2008 年 3 月号。译文原载《国外理论动态》2010 年第 10 期。

** 彭慕兰（Kenneth Pomeranz）,著名历史学家、汉学家,"加州学派"代表人物。

但那些目前相对富裕的地方往往会在一个长的时间内一直成为相对富裕的地方。中国的发展最后会符合其中哪一种立场，取决于如何定义时间和空间单位——这可能意味着构造这场辩论的方式出了问题。

直到工业革命时，从上海往南的中国沿海地区很可能是全球最富裕的地区之一：特别是长江三角洲（在 1770 年人口达到 3100 万）的生活水准大概与 18 世纪中期的英国和荷兰相当。其农业尤其多产——不仅每英亩的产量高，还有每个劳动日的产量也高；其广大的手工业（尤其是纺织业）获得的收益可与其他任何地方的纺织工人的收益相媲美，并且至少它的某些市场整合得特别好。

这种相对繁荣是与大规模的跨区域贸易密切相关的。长三角地区用工业制成品换取产自中国北方、长江中上游或者其他一些内陆地区的原棉、大米、木材和其他一些初级产品。这里几乎没有重工业，这在很大程度上是因为它缺乏能源资源：木材、煤泥炭、甚至水力（因为地势平坦）。这里也缺乏大多数的金属矿产。大多数的工业是乡村工业，这在 1800 年之前非常常见。

但在另一方面，无论如何，亚欧大陆两端的两个地区的差异在增大。自 16 世纪以来，欧洲在农业和工业中的农村劳动力的比例在不断增长，他们都是无产者，即没有财产而依靠出卖劳动赚取工资的自由民。根据一项计算，到 1800 年，他们构成了欧洲的三分之二的劳动力；虽然根据更加严格的定义来计算的话，会得到相对较低的数据（尤其是在东欧，作为义务劳动的回报，很多人仍然拥有一些土地的使用权），但他们在先进的英格兰和荷兰的确占据主导地位。而且，这些国家的大多数无产者从事农业或者其他行业，但是不是两个行业都从事；在英格兰和荷兰，农业劳动、非技术的制造业和服务业劳动在市场上已经分离开来，虽然当时它们在空间上也会有重叠。

然而，在 18 世纪的中国（以及在日本，其原因不同），无产者在农村人口中所占的比例还不到 10%。在比较贫穷的地区，大多数的农民是小佃农；在比较富裕的地区，租赁是广泛存在的情况，但是大多数的租户都拥有很大的耕种自主权，这本身也是某种所有权。在获得了使用权后，这些租户，而不是真正的土地拥有者，做了很多提升地力的投资。他们还在如下方面与那些拥有自己的生产资料的人类似,即他们的所得更加接近于他们的平均产出,而不是边际产出(marginal product):初步估计显示,在18世纪中期和20世纪早期,长江下游获得稳定土地使用权的租户的收入是没有土地的劳动者的2.5—3倍。

中国政府需要一个无须借助地方巨头就可以对其进行收税和征用的小农阶级,所以它支持这些制度安排。这些安排因为无产者中的低出生率进一步稳定下来(与之相对照,欧洲无产者的出生率特别高)。因为一些家庭(不只是穷人)实行性别选择性杀婴行为,而一少部分男性既有妻子也有妾,所以,最贫穷的男人很少能结婚。因此在每一代人当中,一些不幸的小佃农和租户落入无产者行列——就像人们在竞争性经济中会预期到的那样——但是无产者的人数并没有增加。(在这样一个高度商业化的农村,相对而言又没有多少人完全与生产资料分离,这使人回想到德川时期日本的某些方面,尽管在这两个国家产生这些结果的制度非常不同。)

由于不生育小孩,无产者只有一张嘴需要养活,且能依靠他们挣得的佃户收入的一小部分勉强过活。在某种意义上,无产者人数的不增长有助于复制和稳定中国的社会经济和政治体系。在另一种意义上,这些"光棍"——一个既让人想起他们没有后代("支脉")也让人想起其可能的性挫折(sexual frustration)的昵称——本身是不稳定的一个深刻根源:他们没有什么可失去,常常没有稳定的家和群体可联系,被认为是危险的,在土匪、叛乱分子和参与犯罪活动的那些人那里被极度地过度代表(over-represent)了(或者成为替罪羊)。

在某种程度上,佃户的有利地位(尤其在中国的南方)以及雇佣劳动的边缘性可能反映了水稻耕种的特性。因为精耕细作对产量有着巨大影响,使耕种者与产量有着直接的利益关系比那些没有这种利益关系的体制(包括强制劳动或自由雇佣劳动)更可取。但是仅水稻耕种不足以决定这些制度效果。孟加拉拥有相对富足的土地,其各条河流比长江拐的弯更多,发的洪水也更多,孟加拉的富裕阶层常常需要在不同年份吸引耕种者到不同的土地上去劳作。因此,他们只给予一年期租金以优惠利率,而不是长期的租金;此外,这导致佃户对于任何特定的小块土地的权利更加薄弱，也导致较大的流动性、较低水平的固定投资。

中国城市的非技术工人的收入并不比农业工人高多少，而远远低于固定佃户和小农的收入。因此，大多数人没有理由涌入城市，除非有比非技术劳动更好的工作在等待他们。因为大多数的人没有这样的期盼，城市化水平还是很低。大量的剩余农产品养活了那些深深扎根在农村家庭中的农村工业的生产者。个体劳动者不断专业化（从理论上讲，是男耕女织），但是家庭会整合不同的收入来源以缓冲市场波动的风险。政府也支持这一点：多元化的收入来源会减少拖欠税款的情况，以家庭为基础的商业化手工业使妇女在不会折损女人的名声的条件下有了收入，而那些拥有某些土地使用权的农户与社会秩序休戚相关。官员们经常会努力帮助那些较贫困的地区效仿以长江三角洲为典型的农业和农村工业（特别是纺织业）相联合的模式。

同样一系列的因素会导致人口迁移。尽管中国各地区之间的人均收入差异非常大——在1750年前后长江三角洲地区的人均收入可能超出整个帝国人均收入大约50%，但是实际工资却不是这样。所以，除非你能够支付起在你长期定居地获得稳定的土地租赁所需的大笔租金（甚至是购买土地所需的更大数目的金钱），否则你涌入长江三角洲或珠江三角洲地区将会所获甚少——绝大多数来自较贫困地区的穷人也不会这样做。对他们而言，边远地区提供了更好的机会：虽然人均收入相对较低，但艰苦的劳作会使你得到任何一块你清整过的土地的所有权或者强势的耕作权。这就解释了另一个令人费解的事实：整个帝国后期，净移民（netmigration）大大地远离中国最富有的地区。这种格局反过来维持而不是削弱了地区间的经济差距。

富裕地区上缴更高的税收。特别是长江三角洲地区，上缴的税收远远超过其他地区，但是地方精英（他们受到松散的监督）提供了大多数的公共产品。从长江三角洲地区获取的剩余收益流向其他地区，帮助支撑那些生态环境更脆弱的地区的家庭农业（以及儒家道德）存在下来。这些措施包括为半干旱的北方和西北地区打井提供补助，为治理中国北方的主要江河提供资金（并期望南方的各社团自行处理这一问题），在贫困地区建立应急储备粮仓，推广适应贫瘠土壤的新作物，等等。这些涉及的成本按18世纪的标准来说是非常大的，并且都由南方和东部的富裕地区承担。因此，跨区域转移支付将中国的部分剩余收入导向了维持外围地区的稳定，而不是核心地区的资本累积和可能的转型——这一趋势因前面讨论的其他特点（如核心地区缺少能源资源）而增强。

然而，从总体上看，这一经济是充满活力的，但是并没有转向西方模式的现代化。长江三角洲的手工业与西方的手工业相比，在技术革新上并没有取得优势地位，这是有充分理由的。西方的主体工业日益集中在专门的区域，并且其雇员逐渐由很大程度上已经从农业中分化出来的全职工人组成，人们预料到这两方面的条件能比中国拥有的条件更能促进技术创新。正如我们看到的，长江三角洲地区所处的位置对于转向能源密集型生产而言也是非常不利的；当地的能源供应是有限的，引入更大数量的能源所面临的障碍是很大的，我在别处已论证这一点。在这种情况下，中国沿海的能源的相对价格就特别高，使得人们不可能主要通过更多使用能源来发现更具效率的生产方式。例如，在18世纪早期的广州，物价消费指数总量是伦敦水平的29%，工资则是伦敦水平的27%。但木炭成本却是伦敦价格的528%。此外，在近代化学发展之前，跟农业相比，任何类型的工业都更容易提高生产力（尤其是在很容易获得廉价能源的情况下）。每一块土地都有其独特性，采用那些在其他土地上奏效的技术是一件需要反复试验的事情。而且，由于杂草、臭虫还有其他害虫不断地变种，农业必须与因为缺乏技术创新而生产率下降这一不间断的趋势进行斗争，这一趋势在工业中并不存在相似的情形。因此，英国在19世纪的快速发展并不只是因为特定产业生产力的提高，而是因为能够较少把重点放到生产力提高极其困难的产业，如农业、林业。但是这种转变需要能够（通过清整更多的土地）轻松地扩大其农业生产的贸易伙伴，或者是拥有以煤取代木材的能力。长江三角洲地区缺乏这后一种机会，而正如我们即将看到的，到18世纪中国进口农产品的机会是萎缩而不是增长了。

到了18世纪末，上面勾画的这一体系停滞不前，在整个19世纪，这一体系被拆散。内地人口的增长降低了粮食、木材和其他物资的供给数量，这些地区正是为沿海地区供应这些物资的；这些地区也发展了它们自己的手工业，同时也减少了它们对制造品的进口。这击中了长江三角洲地区的要害，到1840年，平均买一块布的价钱所能买到的米是1750年的一半，而且贸易量还可能在萎缩。长江三角洲地区的确发现了某些正在增长的市场，大部分在中国东北和东南亚，并更加集中关注一些其他地区还没有形成强竞争力的高端市场。而且，长江三角洲的人口在1750年到1850年间已经停止增长，而中国的总人口却增长了一倍。因此长江三角洲地区的人们的生活水平在太平天国运动之前可能并没有大幅下降，却也停滞不前。

这使得资助其他地区的负担日益变得沉重。同时，那些较贫穷地区的人口增长使生态的稳定日益面临挑战：治理黄河的费用（从1820年到1850年，它已经占清朝总开支的10%到20%）突飞猛涨就是突出例子，但也还有其他的例子。到19世纪中期，内陆未开发的边缘地区越来越少（除了东北地区，清朝试图保持其封闭状态，以便它可以保留半游牧的"传统"生活方式），所以那些寻找新土地的人往往会沿着山坡进一步向上开发，开垦湖泊边缘的土地，以及在其他地方插上占用的标签，这增加了发生环境灾害的风险。这些问题加上西方入侵以及其他不幸使得这一体制超过了其能承受的限度，较贫穷地区（尤其是资源竞争加剧了民族冲突的边远地区）的环境、政治、社会危机都在自我加剧。其所导致的动乱也最终吞噬了一些富裕的地区——最著名的就是太平天国运动从广西山区向长江中下游流域的推进，随后该地区在十多年时间里变成了一座战场——带给了中国一个灾难深重的19世纪和20世纪初。

但是，尽管遭受了剧痛，同世界经济的更强劲联系也给中国沿海带来新的机遇。来自东南亚的水稻、来自中国东北地区和太平洋西北部的木材和其他原材料替代了中国内陆枯竭的资源；布匹、烟草和其他劳动密集型的轻工业产品的新的市场发展起来（主要是在东南亚）。东南亚为移民开辟了新的出路，主要是广东和福建受益。地处边远的东北地区开放了（主要是河北和山东的沿海地区受益），由于清朝在这一地区受到沙俄和日本帝国主义越来越大的压力，于是决定鼓励汉人在此定居是避免完全失去该地区的唯一选择。新的技术和较便宜的交通有利于贸易流动、人口迁移和移民向家中汇款。尽管政府很大程度上不能够像日本那样提供那种现代化的服务（例如，大众教育），但它在某种程度上成功地集中促进和保护了沿海地区的发展，同时日益让内陆地区自己照料自己。政府在黄河和大运河上面的花费——无疑是一个极端的例子——在1850年到1911年间从占总开支的20%下降到3%。按照黄金价值计算，即使在1937年，此项费用也不到1850年费用的三分之一，尽管总的政府开支增长了将近900%（也是按照黄金价值计算的）。长江下游地区的GDP和一个小样本中的男性的身高显示出来的增长速度几乎和20世纪早期的日本一样快。其他一些沿海地区的经济发展也相对较好——尽管，或许除了东北地区可能没有长江下游地区那样好。但是在内陆，就像我们将很快看到的，发展差很多。

尽管上海现代化的部门在萌芽发展，但是长江下游和中国东部其他地区经济增长的支柱却是乡村工业。丝绸出口发展迅猛，刺绣、草垫、藤椅等也开拓了海外市场。当然，生产大部分仍然是小规模的、灵活的、资源节约型的，开发的是低成本的（但是常常是技术熟练的）劳动力和利基市场（niche market），通常是海外华人的市场。甚至一些比较现代的产品，比如火柴，也是在乡村完成生产的。中国最发达地区中的这些发展，特别是在长江三角洲地区，是对日本某些更早和更强大的趋势的轻微模仿。

这不仅是一个局部情况的反映，同时也是全球情况的反映；后者在凯恩和霍普金斯关于"绅士资本主义"与大英帝国主义的讨论中得到了较好的总结。金融家对英国对外经济政策的决定作用远超过了工业资本家，所以只要大阪和上海集中发展轻工业和使用西方的商业服务，那么它们就会面对相对开放的市场。与此同时，西方人主导着具有战略性的和高附加值的重工业，维持着对世界上资源丰富而人口稀疏地区的不均衡的控制。这种劳动分工并没有使帝国主义对东亚地区仁慈，即使"打开"东亚地区的最初的暴行已经结束，但是鸦片、战争赔款等给其带来了持续的损失，同时，当日本为了在战略性的重工业领域展开竞争而寻求资源时，一场大规模的战争接踵而至。但是，比起那些沦为完全边缘化的初级产品出口国来，大部分的东亚沿海地区在世界体系范围内发展得更好。

然而,当中国内地日益被隔绝开来时,它的发展就进一步落后于沿海地区。灾难也急剧增加,非沿海地区的许多福利指标停滞或下降。相关研究显示,长江下游地区人口的身高有稳定增长,但中国其他地区并没有增长;一些有限的但却是重要的数据显示,特别是西部和北部一些地区的实际收入也停滞不前或者下降。

然而,最糟糕的并且最明显的趋势并不是生活标准上微妙的和逐渐的变化(无论是好的变化还是坏的变化),而是灾难性事件爆发的频率和规模大幅增加。由于脆弱的环境因素以及政府专注于沿海地区的防务和现代化,因此灾难在沿海以外地区成倍增加。前面已经引证的黄河方面开支下降的数字在比以前多得多的黄河洪灾中得到了证明;这种现象同样真实地发生在北方的一些江河流域。旱情也更加频繁发生——人口的增长降低了华北地区的地下水位,而有些地方在盛清时期能得到的打井补助已经很长时间没有了——政府救济也变得更加偶然。根据汇集起来的关于这一个世纪的饥荒的零散数据,夏明方得出了一个非常引人注目的结论:自然灾害导致的死亡人数在1644—1795年间是120万人,而在1796—1911年间是1730万。清王朝最后40年里的因灾死亡人数超过了这一总数的60%,因为1876—1879年间仅仅是大饥荒就可能夺去了至少1000万人的生命。在别处,夏明方关于因自然灾害死亡的人数的计算稍稍不同,死亡人数在1840—1911年间超过了1700万人,这一数字中的超过90%是在1875年后的灾害中产生的。在清朝灭亡以后,灾害造成的死亡人数进一步加速增加,在民国时期估计达到2100万人,其中的80%是在黄河流域。

因而毫不奇怪,毛泽东时期的政治经济体制是革命性的。所有的农民得到保证都能按照允许他们进行生育的速度(大致是基于平均的劳动生产水平的速度)进行劳动。努力实现乡村的工业化,而目的不是迅速的城市化。事实上,城乡之间的人口流动1960年后就停止了。资金再次从比较富裕的地区流向比较贫穷的地区,重点放在了贫困人口和贫穷地区的基本保障上。毛泽东时期取得的成功——黄河和淮河流域的治理是一部分,以及华北地区灌溉设施的大量增加——效仿了历史上的一些创举,虽然使用了新的技术。尽管人均收入的增长要低于1978年以后的水平,但平均寿命在1950—1976年间增加了一倍,并且识字率迅猛提高。同时,纳妾以及虐婴现象的消失——加上允许多子女家庭凭借其子女长大成人后可以挣得的多余工分进行借贷的计划——解决了"光棍"问题,这使得每个男性都可以结婚和生育。通过这些和其他方式,经济激进主义经常和社会文化目标联系在一起。

1978年以来发生了巨大的变化,但也有其延续性。虽然上海和深圳熠熠生辉,但繁荣的中心是乡村的工业化,它带来了1.3亿个新的就业岗位,为经济生产提供了健康的、遵守纪律的、技术相对熟练的工人。尽管出现了快速的工业化和最近的城市化,中国今天仍然保留着比1840年的英国还多的农村地区,而且直到最近农村地区的人口仍维持着绝对数量的增长。超过三分之二的农村收入现在都来源于非农业生产,就像20世纪80年代的中国台湾地区;与之相比,韩国的这个数字是20%。"离土不离乡"仍然是政府的口号;许多农村地区家庭还是将务农和其他的收入来源结合起来。地方的工业利润经常通过被征税来为农业提供资金或者为农民提供补充收入。

中国的工业化发展速度远远超过了它的城市化速度,这一模式会给基础设施建设带来巨大储蓄,也吸收了农闲时期的本来会被浪费掉的廉价农村劳动力(相应地,它还在不造成农忙时候劳动力紧缺的情况下,使得工业化的进程得以进行)。这些劳动力的一部分也被调动起来发展当地工业和基础设施。尽管这个过程包含着一些失败,但它还是取得了巨大的成功。强调农村的工业化而放缓城市化也从诸多方面促进了社会稳定。这些工人不必像其他国家的工人那样在寻找好的工作与同亲人在一起之间作出艰难的选择;在当地工业的发展中扮演着重要角色的乡镇政府和干部既获得了利益,又获得了被任命某个职位的可能性。

地区发展趋势也暗示着这种旧的发展模式可能产生新的不平衡情况。乡村工业主要集中在沿海地区(现在向北延伸到天津):不久前,某三个省的乡村工业附加值之和已经占到全国乡村工业附加值总和的一半以上。这些沿海地区更多的是面向更广阔的外部世界,而不是中国其他地区;对外贸易在日本（常常被引用作为贸易拉动型增长的例子）很少超过 GDP 的 20%，在中国的最富裕省份却超过了 GDP 的 80%。不管是进口还是出口，都在对外贸易中发挥着重要作用，因为中国的沿海地区也进口了大量的石油、金属、原棉、木材等，就像日本、韩国和中国台湾地区那样（还有，像这些国家和地区一样，中国大陆沿海地区也能够在制造每美元的产出时比内陆省份使用少得多的资源）。

但是中国大陆进口的人均初级产品不可能像这些国家和地区那样那么多。从内部来讲，农业收入远远低于其他收入，以至于得到保障的获得土地的机会不再足以将人们留在缺少工业工作岗位的农村地区，中国西部和中部地区的情况大多如此。于是，跟过去的情况相比，现在的中国沿海地区已经成为最大的移民接收站：既有暂时的也有永久的；既有从农村到城市的移民，也有从农村到农村的移民。从农村到城市的净移民现在每年超过 1400 万，而且还在高速增长中。中国没有形成那些像马尼拉、墨西哥城和其他"第三世界"城市的环城市巨大贫民窟，并且，政府通常在保证新兴城市居民使用水电方面做得很好，从而避免了那种许多"第三世界"政府遭遇过的同只有通过非法手段才能获得基本生活必需品的贫民窟居民之间爆发的长期冲突。

但即使这些发展模式很快被淘汰，它们仍然极其重要。除了一个大约 150 年的间断，这些模式为世界上最多人口中的大多数人提供了高于全球平均值的生活水平，而且在几十年内，还有可能再次实现如下情况，即它们会为生活在沿海中心地区的重要的少数人提供某种世界上最高的生活水平。中国成功地让 7% 的土地养活了 20% 的人口，而且对全球环境造成的影响也比北大西洋的富裕国家要小得多。不是将它看作一个巨大的偏差——一个资本主义没有发生或者说没有适当发生的案例——这条通向现代世界的发展道路需要用它自己的方式来评估。

超越华盛顿共识*

乔万尼·阿瑞吉　张　璐** 著　　任雪梅 译

[内容提要] 本文先介绍了1979年至1982年间美国的政策和意识形态发生新自由主义转变的起源和目标。在强调新自由主义转变对南北关系产生的直接影响之后，文章集中关注了中国经济的崛起，把它视为新自由主义最重要的意想不到的结果，它深深根植于中国的传统中，包括毛泽东时代的革命传统。最后，文章的结论指出了中国崛起对南北关系的影响，并特别提及可能出现新的南方联盟，这一联盟将比20世纪50年代万隆会议中缔结的联盟具有更牢固的基础。本文的结论还分析了当前全球经济危机给中国和其他发展中国家带来的挑战和机遇。

[关键词] 华盛顿共识　新万隆联盟　中国改革　南北关系

本文分析了人们所说的华盛顿共识的"离奇死亡"，特别提及了中国的经济振兴以及全球南北关系的根本变化。之所以说华盛顿共识的死亡是"离奇

---

* 本文原载《全球化及其超越：对全球力量及其替代的新考察》(*Globalization and Beyond: New Examinations of Global Power and its Alternatives*, Jon Shefner and Patricia Fernández-Kelly edit., Penn State University Press, 2011) 一书。译文原载《国外理论动态》2013年第9期。

** 乔万尼·阿瑞吉 (Giovanni Arrighi)，已故意大利著名政治经济学家和社会学家、世界体系理论的主要代表人物。张璐，美国天普大学自由艺术学院助理教授。

的",在于其发生在该共识所宣扬的新自由主义学说似乎正产生着毋庸置疑的影响之时。然而,正是出于这一原因,华盛顿共识的死亡在很大程度上没有引起人们的注意。并且由于这个原因,华盛顿共识死亡的起因和结果仍旧让人疑惑不解。

造成这种疑惑的部分原因是已经死去的华盛顿共识的各个方面依然对世界政治产生着持续影响。正如沃尔登·贝罗(Walden Bello)所指出的那样:"新自由主义(仍是)很多对其失去信心的经济学家和技术统治论者默认的模式……虽然这仅仅是出于惯性而已。"此外,新的学说不断涌现,绝大部分出现在北方国家,这些学说试图以更合乎人心意的、更实际的方式来复兴旧共识的各个方面。我们的分析既没有排除对新自由主义的默认带来的残余影响,也没有排除其以新形式出现的可能性。分析仅仅指出20世纪80年代早期的新自由主义反革命(华盛顿共识是其不可或缺的组成部分)已经开始产生事与愿违的结果,为南北权力关系的逆转创造了条件,这一逆转完全有可能会重新塑造全球政治以及国家发展的理论和实践。

一、华盛顿共识和新自由主义反革命

新自由主义转变开始于卡特在任的最后一年,当时美元遭遇了严重的信任危机,这迫使时任美联储主席的保罗·沃克尔(Paul Volker)将20世纪70年代高度宽松的货币政策转变为高度紧缩的政策。尽管如此,新自由主义一直等到里根政府才得到全面实施,当时里根政府从撒切尔提出的"别无选择"(TINA)的口号中得到意识形态上的灵感后,宣布所有版本的社会凯恩斯主义都已过时,并通过重新相信声称能够自我监管的市场的"魔力"继续对它们进行清算。这种清算是通过如下形式出现的:急剧紧缩货币供应,急剧提高利率,大幅减少企业税收,消除对资本的控制,突然转变美国针对第三世界的政策,从推动20世纪40年代后期和50年代早期发起的"发展项目"转向推崇后来被人们称为"华盛顿共识"的新自由主义议程。无论是直接采取行动还是借助国际货币基金组织和世界银行,美国政府不再支持大多数国家发展理论在20世纪五六十年代倡导的"政府统制经济的"和"内向型的"战略（如进口替代工业化战略），并开始推崇有利于资本的"休克疗法"，目的是以低价把资产从公有转为私有，并实现对外贸易和资本流动的自由化。

这一转变在很大程度上被称为是经济思想和政治意识形态中的"反革命"。对于劳动者和第三世界来说，新自由主义转变是属于反革命性质的。撒切尔的顾问艾伦·巴德（Alan Budd）回忆往事时曾公开承认："用马克思主义的术语来说，我们策划的是一场资本主义危机，它重新创造了劳动力储备大军，使资本家能够创造前所未有的高利润。"然而，就美国政府而言，剥夺劳动者的权力与其说是目的本身，不如说是为实现扭转美国财富和权力相对下降这一目的的手段。美国的财富和权力的下降在越南战争失败后愈演愈烈，并且在20世纪70年代末发生伊朗革命、苏联入侵阿富汗以及前面提到的美元抽逃时达到顶峰。

尽管华盛顿共识首先是一种重新建立美国力量的战略，但它却是作为一种新的发展战略被提出来的。仅从表面来理解这一观点的话，关于新自由主义转变的影响的讨论通常主要关注的是20世纪80年代以来通过基尼系数或泰尔指数等综合指标来衡量的全球收入不平等的变化趋势。尽管大家相当普遍地一致认为各国的国内不平等在增加，但是，对于国家间不平等的变化趋势仍旧存在争议。不过，即便就这个方面而言，不管变化趋势是什么，人们一致认为：

> [自1980年以来]世界收入不平等和贫困状态的改善，其基础并不广泛，而是和世界收入的整体增长一样，高度依赖于中国引人瞩目的增长表现和印度的大幅度增长。如果不把中国计算在内，那么按大多数标准来看，不平等都在增加。如果把印度和中国都不计算在内，那么不仅世界收入的分配会出现更明显的恶化，而且贫困的发生率会维持不变。

阿尔伯特·贝瑞（Albert Berry）总结称，简言之，中国和印度"可被视为将世界从（过去）20年的总体表现低迷中拯救了出来"。贝瑞提供的数据也显示，他从1980年至2000年观察到的基尼系数的小幅下滑并没有对世界人口中最富有的10%造成消极影响（相反，却进一步提升了这一人群的相对地位），它是收入从中等收入国家向高收入国家和低收入国家的重新分配导致的。

正如相关资料显示的那样，就南北总体收入差距而言，新自由主义反革命几乎没有造成影响，它首先导致了第三世界人均收入相对于第一世界人均收入的略微下降，然后又使其略微上升。然而，新自由主义反革命确实对南方国家和北方国家中的个别地区产生了较大的影响。就本文目的而言，我们只要关注三个主要趋势就足够了。首先，在20世纪90年代，美国确实成功地扭转了其在20世纪六七十年代实力相对下降的趋势，但是，这种扭转完全是以西欧、南欧和日本地位的相对恶化为代价的；其次，在20世纪80年代，撒哈拉以南的非洲以及拉丁美洲都经历了较大程度的相对衰退，并且以后再也没有从中恢复过来，随之而来的是90年代苏联国家遭遇了同样的大幅衰退；最后，1990年前，获得最大收益的是东亚国家，尤其是日本，八九十年代获得最大收益的是印度和中国，而中国的发展程度要远远超过印度。

这些趋势被广泛认为是全球经济进一步一体化的结果。例如，理查德·弗里曼（Richard Freeman）认为，这种进一步的一体化在没有增加资本的有效供给的情况下却有效地使全球市场的生产劳动力的数量增加了一倍。在资本没有发生变化的情况下，却有比原先多一倍的工人来竞争工作机会，这不仅导致权力的平衡从劳动力转向资本，而且导致原本已经融入全球经济的中等收入国家的经济增长前景开始恶化：

> 希望从低工资商品的出口获得增长的国家必须寻找新的增长部门——如果它们想在全球经济中达到预期目标的话……在制造业方面，墨西哥、哥伦比亚或南非不能与中国竞争，因为中国劳动力的工资低于这些国家——此外，中国劳动力的生产效率却几乎和这些国家的一样高。

如果情况确实如此，那么这一论点就极其简单地解释了上述收入双重再分配的原因：收入在国家内部从较低收入群体向较高收入群体的再分配以及从中等收入国家向低收入国家和高收入国家的再分配。然而，这一论点经不住经验性的检验，主要是因为在美国接受 TINA 主义前后，全球经济的主要特征是剩余劳动力的无限制供给以及同样大规模的、不断扩大的过剩资本的供给（甚至过剩资本的供给比劳动力供给更多）。20 世纪 70 年代，不断扩大的过剩资本供给主要从高收入国家流入低收入国家，尤其是流入中等收入国家，它挤压的是利润，而不是工资。但新自由主义转变将下行压力从利润转移到了工资上，最重要的是，它导致资本改变流动方向而大规模地流向了美国。这种资本流动方向的改变使得 TINA 主义成为了自我实现的预言：一旦全球最大的和最富有的经济体领导世界沿着向资本作出更大让步的道路前进，那么，不管 1980 年前存在过何种方案来取代对流动性日益增加的资本的激烈竞争，这一方案也变得毫无意义了。对于第三世界和第二世界国家（大多数为中等收入国家）来说，情况尤其如此。由于美国政策的转变，这些国家经历了如下情况：一是对它们的自然资源的需求急剧下降，二是它们以优惠条件获得信贷和投资的机会大幅减少。

资本流动方向的改变的程度可以通过美国国际收支的经常账户的变化来衡量。就美国而言，在所谓的全球廉价劳动力供给增加的同时，相伴随的是来自世界其他地区的实际上无限量的资本供给。此外，在 20 世纪 80 年代，尤其是在 1997—1998 年东亚金融危机以后，这种无限量的资本供给主要来自以前的第三世界和第二世界国家。不管美国的权力平衡从劳动力转向资本是出于何种原因（在美国，这种权力平衡的转变比其他富裕国家发生得更早，也更明显），但是，就像弗里曼以及其他专家所声称的那样，不能将其归因于与全球资本供给的增加不成比例的全球廉价劳动力供给的增加。

中低收入国家则面临着完全不同的情况。对于这些国家而言，全球资本流向美国导致它们在 20 世纪 70 年代经历的资本"洪灾"转变成 20 世纪 80 年代突如其来的资本"干旱"。最初的信号是 1982 年墨西哥的债务拖欠，此次资本"干旱"可能是推动国家间资本竞争加剧以及南方地区出现重大分歧的最重要的原因。部分地区（主要是东亚地区）成功地利用了美国在贸易自由化和贸易赤字升级后对廉价工业品需求的增长。这些地区往往受益于资本向美国的重新流动，因为这些国家的国际收支的改善减缓了它们在国际金融市场中与美国竞争的需要，事实上还让其中的部分国家成为了美国的主要债主。相比之下，其他地区（主要是拉美和撒哈拉以南非洲）并未能成功地竞争到北美需求市场的份额。这些地区往往陷入国际收支困境，这使它们处于必须与美国在国际金融市场直接竞争的无望境地。美国的商业和政府机构能够对南方国家所面临的这两种结果加以利用：它们能够调动南方"胜利国家"热情提供的廉价商品和信贷，同时还能利用南方"失败国家"不得不以低价处理的资产。总体结果就是：一方面，美国成功地扭转了它的经济下滑；另一方面，南方国家相对于北方国家的收益和损失大体上相互抵消了。

总之，导致劳动力和南方国家的竞争压力加剧的主要推动因素并非人们声称的世界市场一体化中中国和印度无限量的劳动力供给，而是美国主导的新自由主义反革命。弗里曼强调了廉价劳动力的无限量供给，这的确突出了如下事实：那些在新自由主义反革命挑起的竞争中表现最佳的南方国家拥有大量生产率低下的农业劳动力储备，他们可以转而从事生产率高的工业和服务业的工作。事实上，杰弗里·萨克斯（Jeffrey Sachs）和胡永泰主张，一个大规模的农业部门的存在是导致中国的经济改革相比于俄罗斯能获得更大成功的关键因素。

不过，这样的论点受到了两方面的批评。首先，托马斯·罗斯基（Thomas Rawski）特意针对萨克斯和胡永泰对于中国成就的理解提出质疑："如果数百万受教育程度低、被过度监管、未充分就业的农民代表着'后发优势'，为何我们在埃及、印度、孟加拉国、巴基斯坦、尼日利亚和其他长期拥有这种'优势'的国家却没有看到较大的增长？"其次，大量生产率低的农业劳动力储备并非是唯一可利用的劳动力来源。例如，马克思主义者一直强调资本主义的发展倾向于创造不断扩大的劳动力储备，这可以阻止实际工资以像劳动力生产率一样快的速度增长，他们同时认为，拥有生产生活资料的手段的大量农业劳动力的存在并不是优势，而是经济发展的障碍。因此随之而来的问题是：大量仅部分与生产生活资料的手段相分离的农民（就像中国的情况那样),与城市以及郊区的失业人员和未充分就业人员相比(撒哈拉以南非洲和拉美地区拥有的这方面的人员要多于中国),是否在吸引资本和促进经济增长方面有着更大的竞争优势?如果确实如此,我们是否应该修改或完全放弃马克思主义关于劳动力大军储备以及剥削式积累的理论?如果事实并非如此,那么相对于撒哈拉以南非洲和拉美来说,哪些情况能够解释中国为何能成功地将新自由主义反革命引起的世界经济危机转变为它的优势?

二、中国的改革和华盛顿共识

华盛顿共识的倡导机构——世界银行、国际货币基金组织、美国财政部和英国财政部——吹嘘说,自1980年以来,伴随着中国经济发展而出现的全球收入不平等和贫困的减少源自中国遵从了它们开出的政策处方。就像詹姆斯·加尔布雷斯(James Galbraith)强调的,这一说法与那些真正遵从了这些政策处方的措施在撒哈拉以南非洲地区、拉丁美洲和苏联导致的一系列经济灾难是相矛盾的,同时它与中国和印度的实际情况也是相矛盾的。首先,中国和印度"在20世纪70年代脱离了西方银行,使它们躲过了债务危机";其次,"时至今日仍旧掌握着对主要资本的控制,这使得热钱无法自由出入";最后,"在重工业领域继续拥有大规模的国有部门"。整体上说,中国和印度确实做得很好。"但这是因为它们进行的改革,还是因为它们继续施加的监管?正确的答案无疑是:两者皆有。"

就中国而言,加尔布雷斯的看法与约瑟夫·斯蒂格利茨提出的如下论点是一致的:相对于苏联的改革的失败,中国改革的成功可归因于它没有为了华盛顿共识所推崇的"休克疗法"而放弃渐进主义;还在于中国认识到,只有在改组的同时创造就业才能保障社会稳定;中国还努力通过加大竞争来确保被置换的资源得到有效调配。可以肯定的是,中国的改革确实迫使国有企业之间展开竞争,并与外资企业,尤其是大量新成立的私人企业、半私人企业和集体企业进行竞争。虽然竞争的加剧导致国有企业在就业和生产中占有的份额比1949年至1979年期间大幅下降,但中国政府在推动发展方面起到的作用并没有减弱。相反,中国政府投入大量资金发展新产业,建立新的加工出口区,扩大和促进高等教育现代化,建设大型基础设施项目,其力度在人均收入同等水平的国家中是前所未有的。

由于中国地域广阔,人口众多,这些政策使中国政府能够将主要由外资推动的出口导向型工业化的优势与以自我为中心的国家经济(它受到了外来者只有通过本土的中间媒介才能接触到的语言、风俗、体制和关系网络的保护)的优势结合起来。中国政府从零开始建设的大型出口加工区很好地说明了这种结合,现在,这些加工区容纳的工人占到全球出口加工区工人总人数的三分之二。广阔的地域使中国能够建设三个基础制造业产业群,而每个产业群都具有各自的专业特性:珠江三角洲的特点在于其劳动力密集型制造业,专门从事备件生产及其组装;长江三角洲专门从事资本密集型产业以及汽车、半导体、手机和计算机的生产;在中国的硅谷——北京中关村,政府直接参与推动大学、企业以及国有银行在信息技术发展方面的合作。

出口加工区的劳动分工也体现了中国政府在不放弃劳动密集型产业的同时要推动知识密集型产业发展的策略。在实施这一策略的过程中,中国政府以甚至在东亚国家中都前所未有的速度和规模推动了教育体系的现代化和发展。基于毛泽东时代在基础教育方面取得的卓越成就,从2001年到2005年,中国每年的高校毕业生数量增长了两倍,达到300万。因此,中国的公立大学输出的毕业生在绝对数量上可以与富有得多的国家相比。尽管人数大幅增长无疑会引起教育质量的下降,但是到2002年底,中国的九年制义务教育已经扩大到90%的人口居住地,这绝对是一项伟大的成就。此外,中国的留学生数量在美国居首位,欧洲、澳大利亚、日本和其他国家和地区的中国留学生数量也在快速增长。一方面,中国政府出台各种激励措施来吸引中国海外留学生在完成学业后归国;另一方面,很多中国留学生,包括已经获得职位的科学家和企业高管,被中国经济快速发展提供的大量机会吸引而纷纷回国。

简而言之,中国经济改革奉行的渐进主义、中国政府为促进不断扩大的国内市场与新的社会劳动分工之间的协同作用而采取的补偿行为,都与新自由主义教条对休克疗法、实行最低限度干预的政府以及自我监管的市场的优点持有的乌托邦式的信念形成了鲜明对比。在推动出口以及引进技术知识的过程中，中国政府向外国的以及海外华人的资本集团寻求帮助。在这些关系中，中国政府占据了上风，成为全球最主要资本主义国家（美国）的主要债主之一，并且以平等的地位接受援助，其接受的条件也必须符合中国国家利益，而无论如何，这也无法被视作是在为外国资本主义利益集团服务。一种流行的普遍观点甚至认为中国所有的高科技产业都由外国资本控制，这一观点忽视了中国本土企业和合资企业大规模参与了手机、笔记本电脑、"黑色"家电（指电视机等）和"白色"家电（指空调、冰箱等）等高科技产品的生产，并且这种参与在扩大。

国有企业和私有企业之间不断加剧的竞争无疑会使城市工人在就业保障方面遇到一些问题。然而，这些问题必须放在政府政策的背景下来看待。在这方面，中国的国家政策也并没有采纳新自由主义开出的以牺牲工人福利换取利润的处方。就像大卫·施韦卡特（David Schweickart）指出的：

> 中国是在根本不存在资产阶级的情况下开始改革的。这是一个非常重要的事实。当时中国不仅［没有］阻碍任何重大结构变化的有产阶级，而且被允许、实际上是被鼓励出现的先富群体与传统意义上的资产阶级相比，其具有的企业家色彩要强烈得多，因此总的来说对社会也更有益。

此外，中国20世纪的历史已经让其领导人明白，工人或农民爆发大规模的不满情绪将严重破坏革命的果实以及改革取得的成果，而仅仅采取镇压措施是行不通的。"这种大规模的破坏以及可能发生的混乱造成切实威胁的情况在西方是不存在的。这种情况主要出现在很多南方国家，然而，这些国家中各阶级力量的结构和平衡与中国的情况大不相同。"

这种阶级力量的平衡不仅导致相对于其他人均收入相等或更高的国家而言，中国正规部门中的合资企业提供给员工的医疗、养老金和其他"强制性福利"要好得多，而且这些企业解雇员工也更难。更重要的是，高等教育的扩大、新产业中可以选择的就业机会的快速增加、农业税的减免以及其他鼓励农民将更多劳动力投入到农村经济中的改革措施共同造成了劳动力短缺的问题，这一点让农民工的利益得到了保障。"我们看到中国劳动力极其廉价的黄金时代正在终结，"一位高盛公司的经济学家近期表示，"虽然现在仍然有很多工人，但是，没有受过教育的劳动力的供应量正在减少……中国的工人……正以比预期更快的速度沿着价值链向上攀升。"

旨在扩大和升级社会劳动分工的渐进主义改革和政府行为、教育的大规模扩大、资本利益集团对于推动国家发展的要求的服从以及对内部竞争的积极鼓励等，所有这些因素都影响着正在出现的劳动力短缺问题。但最具决定性作用的因素可能是国内市场的扩大以及改革带来的农村地区生活条件的提高。其中主要的改革是1978年至1983年间实行的家庭联产承包责任制，这一制度把对农业盈余的决定权和控制权从公社手中交还给农民。1979年到1983年农产品收购价格大幅提升，这与联产承包责任制一起共同导致了农业生产的收益大幅增加，从而增强了公社和大队企业生产非农产品的早期趋势。尽管政府通过相关措施来鼓励农村劳动力"离土不离乡"，但在1983年，中国政府还是允许农村居民参与长距离运输和营销，以便为他们的产品寻找出路。1984年，中国政府再次放松管制，允许农民到附近城镇新兴的、集体所有的乡镇企业工作。

乡镇企业的崛起主要受到另外两项改革的推动：财政分权体制赋予了地方政府推进经济增长和使用财政盈余分红的自主权；在当地经济绩效的基础上考核干部业绩的新干部考核制度为地方政府提供了支持经济增长的强大激励作用。由此一来，乡镇企业成了党员干部和政府官员为实现发展目标而根据创业能力进行自我重新定位的核心所在。这些企业通常自负盈亏，也成为将剩余农产品再分配给能够有效吸收农村剩余劳动力的劳动密集型产业的主要机构。结果是，从事非农业生产的农村劳动力队伍呈爆炸式增长，从1978年的2800万人增至2003年的1.76亿人。大部分增长出现在乡镇企业。1980年至2004年间，乡镇企业增加的工作岗位的数量几乎是国有企业和城市集体所有制企业下岗工人数量的4倍。到2004年底，乡镇企业雇用的员工数量是外资的、私营的、合资的城市企业的员工总数的两倍多。

乡镇企业的爆炸式发展出乎中国领导人的意料。到了1990年政府才介入，使乡镇企业合法化并对其加强管理；除了授权地方政府任命与解聘管理者或者把这项权力委托给政府机构之外，还把所有权集体性地授予乡镇的所有居民。乡镇企业的利润分配也要接受监管，政府要求把半数以上的利润在企业内部进行再投资，用于企业的现代化改造和扩大生产规模并增加福利和奖励资金；余下的部分大多数被用于农业基础设施建设、技术服务项目、公共福利、新企业投资等。20世纪90年代后期曾经进行过一些尝试，想将界定不清的产权转变成某种形式的股份制或完全私人所有制。但由于规章制度难以得到贯彻执行，所以各种各样的地方性制度安排太多，以致无法对乡镇企业进行归类，这也逐渐变成了乡镇企业的特征。

然而，尽管乡镇企业在结构上存在多样性，或者，恰恰因为它们的这种结构上的多样性，这些企业为改革的成功做出了关键贡献。第一，这些企业的劳动密集型定位使得它们能够吸纳农村的剩余劳动力，增加农村收入，同时却不需要大规模增加人口向城市地区的流动。事实上，20世纪80年代出现的劳动力流动现象在很大程度上是指农民放弃务农，前往农村集体企业就业。第二，相对来说，乡镇企业受到的监管不多，它们进入各种市场，加剧了竞争，不仅迫使国有企业，而且还有所有的城市企业都必须提高绩效。第三，乡镇企业成为农村税收的主要来源，它们减少了农民的财政负担，因此为社会稳定做出了贡献。第四，非常关键而且最重要的是，通过把收益和租金所得在当地进行再投资，公有制的乡镇企业扩大了国内市场的规模，为新一轮的投资、创造就业和劳动分工创造了条件。正如蔡晓莉在对中国农村进行广泛调研的基础上观察到的那样，拥有祠堂的世袭家族或氏族在促使地方政府官员遵循非正式的规则和惯例方面有效地取代了那些正规的民主的官僚机构的责任，这些非正式的规则和惯例会迫使地方政府官员提供维持社会稳定所需要的公共物品。因此，乡镇企业作为公有制企业的独特地位是后毛泽东改革时期中国的"黄金时代"（1978—1996年）的最主要特征。巴里·诺顿（Barry Naughton）称："在其他任何转型国家，公有制企业都没有发挥过乡镇企业在中国所发挥的这种关键作用。"

当然，20世纪90年代中期之后，整个乡镇企业经历了巨大的转变。面对更富有挑战性的环境（包括政府转变国家政策、成立监管机构、市场一体化和竞争加剧等），乡镇企业的整体增长率趋缓。许多乡镇企业进行了结构调整，转变成主要为私人所有的企业。但是还有一些公有制乡镇企业转变成了工人所有的联合股份制企业。2003年，共计有370万工人在联合股份制企业工作。在很多地方，当地政府仍旧在企业中保留有股份，并尝试与私人管理者共同经营合资企业。事实上，很难判定如今中国乡镇企业中的私有企业的构成成分，因为地方政府在其中仍然持有从20%到50%不等的股份。

1996年后，乡镇企业继续发展，但与过去相比，增长率更加接近GDP的整体增长率。乡镇企业的附加值占GDP的比重从1996年的26%增至1999年的30%，并在2004年呈稳定发展态势。更重要的是，即便在重组后，乡镇企业的根基仍然是农村共同体成员之间面对面的关系，并在对地方共同体进行再投资方面做出了贡献。我们于2005年在山东省进行的调查便支持了这一论点。

在总结中国相对于南非（在那里，农民被长期剥夺了生产资料，却没有人为他们创造被吸纳进有酬就业所需的条件）而言所具有的发展优势时，吉利恩·哈特（Gillian Hart）同样强调了乡镇企业在将利润在当地范围内进行再投资和再分配以及将之用于学校、诊所和其他形式的集体消费等方面的贡献。此外，土地在家庭之间相对平均的分配，使许多乡镇企业的当地员工能够将在小块土地上精耕细作的农业劳动与工业劳动和其他形式的非农劳动结合起来，以谋得生计。实际上，"推动乡镇企业发展的一个关键因素是，与城市中的企业不一样，乡镇企业不用为员工提供住房、医疗、退休保障及其他福利。实际上，大部分劳动力再生产成本都没有让企业来承担"。哈特进一步表示，这种模式不仅在中国大陆可以看到，在中国台湾地区也能看到：

> 中国大陆和台湾地区的独特之处——以及与南非的明显不同——在于20世纪40年代后期开始的土地再分配改革，它有效地打破了地主阶级的权力。推动大陆与台湾进行土地改革的各种政治力量是紧密相连但

又截然相反的。不过，在社会主义的中国大陆以及"资本主义的"中国台湾地区，导致了农业变革的再分配改革的特征是，在不剥夺土地的情况下实现快速的、去集中化的工业积累……20世纪后半叶，一些工业生产中最引人瞩目的事例就是在不剥夺农业工人的土地的情况下发生的，这些事例不仅体现了作为全球竞争基础的典型的"非西方的"积累模式。

哈特认为，中国的经济成功可能依靠的是一种没有剥夺的积累模式，这使得我们重新回到前面所提的问题上：大量仅部分与生产生活资料的手段相分离的农民，与城市以及郊区的失业人员和未充分就业人员相比（撒哈拉以南非洲和拉美地区拥有的这方面的人员要多于中国），是否在吸引资本和促进经济增长方面有着更大的竞争优势？从现有分析得出的答案是：如果政府的政策不只是成功地将农民作为充裕的廉价劳动力供给的来源调动起来，而且将其视为创业能力和管理技能（这些是以扩大国内市场和新劳动分工机会的方式吸收这些劳动力供给所需要的）的来源调动起来，那么，对上述问题的回答是肯定的。邓小平的改革在这个方面非常成功，这一成功主要取决于两个传统：中国18世纪"勤勉革命"（industrious revolution）的传统，以及近期的社会主义革命的传统。它们先于改革并决定了改革。现在我们就来探讨一下这两个传统。

三、中国勤勉革命和社会主义革命的遗产

杉原熏（Kaoru Sugihara）表示，18世纪和19世纪早期，中国经历了一场"勤勉革命"，这场革命形成了独具特色的东亚技术和制度发展道路，并塑造了东亚应对西方工业革命所带来的挑战和机会的形式。在这一方面尤其重要的是以家庭为中心（在较小区域内，是以村庄共同体为中心）的吸收劳动力的制度框架的发展。与那种认为小型生产无法支撑经济发展的普遍观点相反，这一制度框架相对于那种当时在英国已经占据主导地位而以阶级为基础的大型生产来说具有重要的优势。在英国，工人们被剥夺了共同参与管理事

务以及发展灵活的专业化分工所需要的个人技能的机会,而在东亚,当时人们青睐的是完成多个任务的能力,而不是专门从事某项具体任务的能力;当时鼓励的是与家庭其他成员进行合作的意愿,而不是推动个人才能的施展。总之,对于每个家庭成员来说,重要的是要努力适应农业劳动模式,灵活应对额外的或突发的需要,理解与生产管理相关的问题,对潜在问题作出预判并防止其发生。家庭积极探寻的能力是以专门技术为大背景的管理技能。

此外,当时贸易交易成本很低,技术创新的风险也相对较低。尽管东亚的制度框架为大规模创新以及固定资本投资或远距离贸易留下的空间很小,但这一框架为发展劳动密集型技术提供了绝佳的机会。虽然这些技术无法增加每天或每小时的产量,但却有助于增加人均年收入。东亚的这种发展方式与西方发展道路的区别在于它极其偏好于使用人力资源而不是非人力资源。

哈特认为,在乡镇企业的发展中,小块土地的密集耕种是与工业劳动和其他形式的非农业劳动相结合的,也是与提高劳动力素质的投资相结合的。哈特的论点支持了杉原熏提出的中国"勤勉革命"遗产的影响持续存在的观点。在这一方面,同样重要的还有如下趋势,即家庭会尽可能充分利用人力资源并且培养这些人力资源具备管理技能和一般的专业技能。我们甚至在城市产业中也可以发现这一趋势,它是与当前正在讨论的中国革命传统所取得的教育成就结合在一起的。城市产业的竞争优势可以归因于用受过教育的廉价劳动力替代了昂贵的机器和管理人员。

如果中国社会主义革命传统没有对其"勤勉革命"进行复兴和变革,那么,"勤勉革命"的遗产可能无法留存下来,更不用说带来这种发展成效了。

中华人民共和国在建国后的前30年期间发生了巨大的转变。1949年,与32年前布尔什维克发动革命时的俄国相比,中国是一个穷得多的国家,并且工业化程度也低得多。到了1979年,中国建立了一个拥有5000万工人并且产值占GDP一半以上的工业基础。工业总产值增加了38倍,重工业总产值增加了90倍。中国能够制造喷气式飞机、现代远洋船只、核武器、弹道导弹。在农村,人们建造了巨大的灌溉工程和水利控制工程。原本主要由文盲构成的人口已经改变，人口中的绝大多数人已经识字。在以前没有医疗的地方建立起了公共医疗系统。平均预期寿命从35岁增加到了65岁。所有这些几乎都是在没有任何外部援助的情况下完成的——也就是说，中国在没有任何外债的情况下进入了改革期。

事实上，虽然中国人均收入出现最大增幅是从1980年开始的，但是，成人预期寿命以及涉及范围更小的成人文化程度（也就是基本的福利）的最大增长出现在1980年前。这一情况强有力地支持了这样的一个论点："如果没有毛泽东政权取得的成就，1979年及之后的市场改革根本无法产生后来实际取得的巨大成果。"

从这一点来看，值得强调的是，与苏联的情况相比较，中国经济改革的成功不应该只是或者主要归因于存在一个大规模的农业部门（就像萨克斯和胡永泰坚持认为的），或者归因于改革的渐进主义和对福利的关注（就像斯蒂格利茨以及其他人坚持认为的）。中国的成功还应该特别归因于中国独特的革命传统。这些独特性源自具有中国特色的马克思列宁主义，这种中国特色的马列主义在20世纪20年代晚期红军成立时最初形成，并在20世纪30年代后期日本侵占中国沿海地区后得到充分发展。正如梅格纳德·德赛（Meghnad Desai）所指出的，与俄国的布尔什维克党不同，中国共产党在1949年赢得政权之前，不得不经过15年的斗争来赢得农民的支持。在斗争期间，他们"形成了在单独的一个政党内对广大人民群众的需要作出响应的思想"。

这一思想创新有两项主要内容。首先是毛泽东的"群众路线"理论，根据这一理论，共产党既是人民群众的老师，也是人民群众的学生。费正清表示："这种'从群众中来，到群众中去'的理念实际上代表着一种符合中国传统的民主形式，在这种传统中，只有上层官员将当地群众的真正利益放在心上并代表群众来执政的时候，才能实现善治。"另一项创新内容是将农民视为社会主义革命的主要社会基础。20世纪30年代，中国共产党和红军在贫困偏远地区的农民中深深扎下根基。用马克·赛尔登（Mark Selden）的描述来说，其结果就是产生了一种"双向社会化过程"，在这一过程中，中国共产党及其军队将中国农村的农民阶级发展成为强大的革命力量,与此同时,农民阶层的愿望和价值观又反过来塑造了中国共产党及其军队。

这两个特征再加上马列主义的现代化发展,成为了中国革命传统的基础,它有助于解释中国在改革前后所采取的发展道路的关键方面。首先,它解释了为何毛泽东时期的中国与斯大林时期的苏联形成了鲜明对比,当时中国不是通过破坏,而是通过改善农民阶级的经济和教育状况来寻求实现现代化。其次,它解释了为何在改革之前及之后,中国现代化进程的基础不是西方工业革命的内在化,而是复兴中国本土的以农村为基础的勤勉革命的特征。再次,这一点解释了为何在毛泽东时期是通过对党和国家干部以及知识分子在农村进行"再教育"的方式来对抗那种在他们中间产生城市资产阶级的趋势的。最后,它还解释了为何20世纪80年代改革首先从农业开始,同时,这一点也解释了为何2000年以来中国政府在建设"社会主义新农村"的方针的引导下,将重点放在了扩大农村地区的医疗、教育和其他社会福利方面。

这一复杂传统背后的关键问题是:如何治理和发展一个农业人口比非洲或拉美或欧洲的总人口还要多的国家。除印度外,世界上没有任何其他一个国家像中国一样面临这样的问题。

随着中国转向市场经济,城市和农村地区内部以及它们之间的收入不平等大幅增加。尽管如此,中国的发展战略为大多数人创造了发展机会。首先,世界银行的数据显示,中国减少贫困的努力在这一期间仍然取得了巨大成果,日平均生活开支少于1美元的人口所占比重从1980年的超过60%减少至1997年的少于20%。此外,根据基尼系数这样的综合指数所衡量的收入不平等的加剧在很大程度上反映了中产阶级群体地位的提高(而不是下降)。同样重要的是,与收入不平等加剧相伴随的是代际间的(父母的职业/孩子的职业)以及代际内的(最初的职业/现在的职业)流动性的增加。因此,与改革前相比,从事较低收入职业的人拥有了更多的机会,通过成为从事较高收入职业的人,将职业间的收入差距变成个人收益。

在农村和城市地区涌现的社会问题已经促使中国共产党领导层力图寻求一种城乡之间、各地区之间以及经济和社会之间更加平衡和可持续的发展,并推出了旨在扩大工人权利的新的劳动立法。政府想努力解决农村问题,并重新将农村发展设定为政策议程的重中之重。此外,中国政府已经取消了农业税,开始减少或免除农村地区的教育收费,并试验性地实施了到2010年覆盖所有农村人口的基础医疗保险计划。

为应对过去10年改革过程中弱势群体中出现的不满,中国共产党已经号召党员干部重新回归党的"群众路线"的革命传统,倾听普通民众的要求和不满,帮助他们解决问题。因此,市、县、区政府的一把手们开始定期亲自与普通民众进行接触,倾听他们的要求和不满。他们还增加了到访基层的次数,以缓解危害社会稳定的各种问题。

这些改变是否能够使发展沿着更加平等和可持续的方向进行,这一点还有待观察。但这些改变至少暗示着过去那种对"为增长而增长"的关注将转变为对生活品质、个人安全和消费的更加广泛的关注。此外,中国的崛起也对逐渐丧失声誉的华盛顿共识构成了严重挑战。现在我们来探讨一下这一挑战的性质和前景。

四、南方国家的团结

美国对外关系委员会和英国外交政策中心成员乔舒亚·库珀·雷默(Joshua Cooper Ramo)将新兴的中国带来的挑战描述为是北京共识将替代华盛顿共识,即在中国的领导下,出现了一条"世界其他国家可以遵循的道路",这条道路不仅将促进发展,而且还将"以一种允许它们真正独立并保护它们的生活方式和政治选择的方式来适应国际秩序"。

> 华盛顿共识……在全球留下的是一连串遭到破坏的经济体和反感情绪。中国的新发展途径……非常灵活,仅用一种学说难以对它进行分类。它不相信那种能应对所有局面的整齐划一的解决方案。它的定义是……积极捍卫国家边界和利益,越来越深思熟虑地积累起不对称投放力量的手段……当然,中国的发展道路和能力是其他国家所不能照搬的。中国

的发展也遇到了各种问题。但是,中国崛起的很多因素已经吸引了其他发展中国家。

在这些因素当中,雷默提到了一种发展模式。在这个模式当中,"中国发展的巨大矛盾"使得"可持续性和平等性……成为第一考虑要素",他还提到"一种自主理论……强调使用杠杆力量来摆脱可能想要激怒你的霸权大国"。雷默提出的北京共识理念被批评假设了一个根本不存在的共识的存在,或者构建了一个一些观察家认为太过夸张的华盛顿共识的对立物。在我们看来,这些批评并不恰当,因为雷默本人强调了北京共识暗含的发展道路的多样性,而这与华盛顿共识包含的"放之四海而皆准"的理论形成了鲜明对比。尽管如此,但雷默并没有告诉我们中国的崛起是否会真正推动向全球南方国家的集体赋权,而不是仅仅向某个或数个国家赋权。在这一点上的关键问题是:在哪种情况下,北京共识能够形成更加有效的新的万隆联盟,例如20世纪五六十年代那种第三世界联盟的全新版本?在前所未有的全球经济一体化时期,这个全新的联盟将比旧联盟更有效地应对南方国家在经济和政治上从属于北方国家的问题。

我们不应忽视中国面临和其他南方国家面临的压力。但是我们也不应该高估美国的力量,即便美国与欧洲勾结,也不能成功地压制南方的发展,就像美国20年来通过新自由主义反革命所做的那样。首先,伊拉克战争的混乱已经证实了强制手段在不顾南方的反抗而强行推动北方意志中的局限性。更重要的是,在资本主义世界,美国和北方国家的主导地位的金融基础正变得越来越不稳固。这方面的重要转折点就是1997—1998年的亚洲金融危机。罗伯特·韦德(Robert Wade)和弗兰克·韦内罗索(Frank Veneroso)认为,这场危机证实了"经济萧条时资产将归还合法所有者"这句格言是正确的。

货币的大幅贬值、国际货币基金组织推动的金融自由化、国际货币基金组织促成的复苏,这些加在一起,加速了整个世界范围内过去50年中最大规模的和平时期的资产转移,资产从国内所有者的手中转移到了国外所有者的手中，这次的资产转移使得拉丁美洲在 20 世纪 80 年代发生的资产从国内向美国的转移或者 1994 年后墨西哥发生的资产转移显得微不足道。

尽管这一论点强调了危机造成的直接影响，但却忽略了这场危机对南北关系造成的更长期的影响。1997—1998 年的金融危机之后，北方国家和世界其他国家在各自的国际收支经常项目上出现了巨大的差异，前者存在赤字，后者存在盈余。盈余中很大一部分仍旧流向美国的金融贸易中心，一方面为美国提供资金来填补不断增长的赤字，另一方面为了美国的利益而被用来在全球（其中包括南方国家）进行再投资。但这一差异背后的基本事实是，北方国家，尤其是美国，能以低于世界其他地区的成本生产的商品和服务越来越少。更重要的是，南方国家的很大一部分盈余（且这一份额在不断增加）并没有流向美国，而是被用来建立货币储备或直接流向其他南方国家，从而削弱了国际货币基金组织和其他北方国家控制的金融机构对南方国家的控制。南方国家拥有大量现金并且渴望重新掌控自己的经济政策，因此，它们"用实际行动作出选择，还清了所欠国际货币基金组织的债务，并拒绝采纳该组织的建议"。国际货币基金组织的年会也因此"变得很孤单"。金融媒体的社评问道：国际货币基金组织是否还有其他使命存在？随着以市场为导向的中央银行开始将银行进行国有化，"捍卫自由市场的西方国家遭到了那些抵抗住了全球化主义者对于终结政府这一主张的狂热吹捧的国家的大量嘲笑。全球化远没有能够埋葬国家，它现在反而依赖各个国家以获得援救"。

尽管中国大量购入美国国债，但是，在改变南方国家盈余的流动方向使其以南方国家为目的地方面以及在为邻近的和遥远的南方国家提供具有吸引力的其他选择方案以替代北方国家和金融机构所提供的贸易、投资以及援助方面，中国起了作用。中国向南方国家提供不附带政治条件以及不收取昂贵咨询费用的大额贷款，并以北方竞争者一半的价格在南方国家的边远地区投资复杂的大型基础设施项目。

石油国家也已经开始将它们的盈余重新投资到南方国家,这与中国的举动形成了互补。其中最具有政治意义和象征意义的案例就是,委内瑞拉利用通过高油价获取的收入来充当拉美国家新的"最终贷款人",从而削弱了美国对该地区经济政策巨大的长期影响。同样重要而且可能对北方国家的经济主导地位造成更大破坏的是,西亚国家近期将它们的部分盈余从美国和欧洲投向了东亚和南亚,其部分原因在于伊拉克战争受到了广泛批评,以及此前英国港口运营商 P&O 被迪拜的港口公司收购后,美国迫使迪拜的港口公司出售美国的股份。但最具有说服力的原因是经济方面的:中国和其他所有快速发展的亚洲经济体想获得西亚的石油,而西亚国家出售石油获得的资本和流动资金正在寻找回报比美国国债更高的投资机会。

当2006年5月,印度总理辛格在亚洲发展银行年会中呼吁亚洲国家将亚洲的贸易盈余投向亚洲的发展项目时,一位美国观察家称,辛格的言论"令人震惊",这是"美元和美国霸权终结的前兆"。事实上,亚洲和其他南方国家是否继续使用美元并不是最重要的问题。就像英国霸权结束后的三四十年里,英镑仍旧被当作国际货币使用一样,美元可能也将如此。对于南北关系的未来而言,真正重要的是,南方国家是继续把国际收支中的盈余交给由美元控制的机构来处理,将它们变为北方国家寻求主导地位的工具,还是把它们当成解放南方的工具来使用。从这一点来看,辛格的言论并没有任何惊人之处,他的言论仅仅是在支持一种现在已经存在的做法。真正令人感到震惊的是,南方国家和北方国家都没有意识到新自由主义反革命所导致的适得其反的结果的程度,而这正好为新的、更强大的万隆联盟的崛起创造了强有力的条件。

旧万隆联盟的基础是严格的政治意识形态。然而,可能崛起的新万隆联盟的基础更主要的是经济方面的,因此这个新联盟要牢固得多。2003年,就像前印度外交部部长辛哈在演讲时所讲的,"过去,印度与亚洲大部分地区的来往是建立在亚洲兄弟的理想化概念之上的,来往的基础是共同的殖民主义经历和文化联系",而如今恰恰相反,亚洲国家之间的动态发展"不仅由历史和文化等因素来决定,也同样由贸易、投资、生产来决定"。辛哈的这番言论不仅适用于亚洲，而且在更普遍的意义上适用于整个南方国家。在旧万隆联盟下，由意识形态和政治所推动的第三世界的团结缺少经济基础。事实上，第三世界当时还不得不应对全球市场化进程带来的冲击，而第三世界国家在这一进程中很少甚至根本没有控制权。如今则恰恰相反，在日益多样化的领域（包括地区经济一体化、国家安全、医疗和环境等）快速发展的南南之间的贸易、投资和合作，主要依赖南方国家在全球生产中不断增强的竞争力。尽管关于"第三世界的团结"的各种意识形态上的观念仍旧发挥着作用，但它们已经很少是南南合作的唯一甚至主要决定因素了。

特别是中国、印度、巴西和南非正在引领着这一方向的发展。这四个国家的总人口占全球人口的40%，除此之外，这些国家正在共同崛起，成为资本、技术的来源地以及周边地区和整个南方国家产品的有效需求的来源地。尽管这些国家在促使经济和政治力量平衡向有利于南方国家的方向转移方面起着引领作用，但是它们却遭到批评说，它们与其他南方国家建立的关系在动机和结果方面与传统的南北关系是类似的。

这些批评忽略了新万隆联盟相比于旧万隆模式所具有的优势。首先，它们忽视了上述四个国家尤其是中国崛起后与北方国家在世界生产、贸易和金融方面成为了竞争者，这将颠覆全球财富和权力等级的结构基础。这些国家不仅为其他南方国家提供了优于北方国家的贸易、援助和投资条件，包括免除大量债务，而且它们这样做也加剧了北方国家的竞争压力，迫使北方国家不得不为南方国家提供更好的条件。与上述内容紧密相关的是，那种强调中国和印度的贸易伙伴专门从事初级生产的批评，忽视了南北之间的产业趋同导致制造业和初级生产之间的贸易条件正在发生逆转这一点。和"工业化"已不再是"发展"的相关物一样，专门从事初级生产也不再与"不发达"联系在一起。

更重要的是，这些批评没有注意到的事实是，通常造成南方国家"不发达"的主要原因是被贸易和生产排除在外。这些批评也忽视了权力关系在制定全球政治经济的道德标准中起着重要作用这一事实。如今，这些标准大部分是由处在全球财富等级上游的国家的政府和机构制定的。然而，上述四个国家的崛起将可能形成一个使得处在全球财富等级中下游的国家的政府和机构最终获得发言权的环境。关键是占全球人口三分之一还多的中国和印度将选择怎样做。正如傅好文（Howard French）在《国际先驱论坛报》上针对中国和印度互相进行大规模投资发表的评论那样，如果这两个国家选择了合作，那么"由美国、西欧最强大的几个经济体以及日本组成的富国俱乐部对全球其他地区指手画脚、品头论足的时代（即将）很快就会画上句号"。

2008年华尔街的股市暴跌加速了华盛顿共识的崩溃。随着新自由主义的美国式资本主义（包括有限的政府、最低限度的监管、自由市场的信贷配置）逐渐丧失公信力，许多评论家想知道，中国式的国家主导的发展模式是否是一种替代方案。

同时，中国出现了出口减少和经济增长放缓的现象，这一事实促使我们重新评估中国在20世纪90年代采取的出口拉动型增长模式。实际上，中国政府已经意识到低水平的国内消费对增长的限制作用。当前的这场经济危机可能正是促使中国政府转向选择更加平衡的国内消费推动型发展道路的原因。这样的转变是实现长期可持续发展的必然步骤。我们同样有充分的理由预测，2008年的经济危机可能最终会使中国在更加可持续的长期发展的基础上恢复增长，并为新的万隆联盟带来更加光明的前景。

中国及其经济改革的理念*

托马斯·罗斯基** 著　宫　武 译

[内容提要] 研究社会主义转型的经济学家的观点已成定式，即强调定价灵活、开放国际贸易、政府对市场运作保持最小程度的干预及私人拥有生产资源。中国这个最大的表现最好的经济转型体的表现却与这些观点大相径庭。这篇文章探讨了标准做法和中国现实之间的冲突。作者认为，渐进式改革是不可避免的，改革部分的体系可以带来经济的急剧增长，经济学家夸大了所有权的重要性，市场体系的体制结构比大多数观察家想象的要复杂得多。

[关键词] 转型经济　互动式改革　美国模式

一、社会主义转型经济学

1. 什么是经济改革？

中国的经济改革是一种更大规模运动的一部分，该运动不仅涉及前社会

---

* 本文为作者1997年参加在日本横滨举行的"中国渐进主义道路再思考"研讨会提交的论文。译文原载《国外理论动态》2013年第6期。

** 托马斯·罗斯基（Thomas G. Rawski），匹兹堡大学经济学和历史学教授，匹兹堡大学国际研究中心教授，著名中国问题专家。

主义国家，而且涵盖整个世界经济。这一运动从部分意义上讲是政治性的，但它也依赖于经济知识的积累。支持这一改革运动的潜在科学基础是如下这样一种认识，即政府失灵与市场失灵的影响是一样重要的。前几代的研究人员和教科书认为政府就可以解决经济难题，因此忽视了研究政府是如何运作的或者政府的方案在实际中是如何被执行的。经济学家们现在对政府官员的动机、政府机构收集和处理经济信息的能力以及政府干预可能产生意想不到的、往往是不受欢迎的后果的可能性等问题变得越来越敏感。

2. 什么是市场经济？

所有人都将建立市场体系看作改革的长远目标。但究竟什么是市场体系？关于这一问题，经济学家们的看法都相当模糊。《新帕尔格雷夫经济学大辞典》(1987) (*New Palgrave: A Dictionary of Economics* [1987]) 或者是《政治经济学起源词典》(1894—1897) (*Dictionary of Political Economy* [1894—97]) 均未包含一个标题为"市场经济"或"市场体系"的条目。经济学家们对市场体系的性能特点（竞争、价格弹性）和好处（静态效率、增长、创新）有着清楚的认识。但目前关于有效的市场体系得以运转的条件还没有形成深入人心的概念。经济学家们能够列出哪些实现市场体系的独特效果（这些效果包括降低成本的持续压力、提高质量、增加品种、开发新产品、提供新服务以及形成旨在更好地满足顾客需求的新的组织方法）所必需的最低限度的要素？需要多大程度上的价格弹性？需要多大程度上的企业管控？以及需要多大程度上的市场准入限制、竞争、劳动力的流动性？

很多年前，安妮·克鲁格（Anne Krueger）指出，如果增加国家干预只会鼓励企业追求寻租，而不是市场创新，那么，"超过某个时间点后，市场就不能令人满意地履行其分配职能了"。社会主义转型提出了相反的问题：如果改革向最初由官僚控制的体系中连续注入市场力量，那么，新生的市场体系会在什么时间点开始"令人满意地履行其分配职能"？社会主义转型的最初经验表明，经济学家们不能很好地回答这些问题。

3. 向美国的经济活动模式趋同吗？

1997 年，西欧面临两位数的失业率，日本经济陷入停滞，韩国不得不面对过多的国家干预和企业集中带来的成本，如此一来，美国式的资本主义似乎成为了实现长期繁荣和增长的最有前途的发展道路。所有人都称赞灵活的劳动力市场、充满活力的企业管控、对准入的有限限制以及相对开放的贸易所具有的优势。日本、德国、法国、韩国和许多其他经济体长期对经济进行大量管控，现在它们面临着越来越大的向美国式的体系转变的压力。这一转变一旦开始，随着逐渐递增的改革不断剔除掉原有体系中的要素，开放和放松管制就能获得其自身的动力。

对于全球的主要经济体而言，即使朝向美国当前体系的某种形式的趋同被证明是最佳的长期发展路线，但最近时期的经济发展史（包括日本和韩国在战后的发展经历）仍然表明，带来了持续的经济增长的各体系包含着大量市场元素，并且这些体系在很多方面偏离了美国式的制度安排。

如果中国或俄罗斯能够赶上干涉主义的半市场化体系给日本和韩国带来的经济成就，那么，未来的历史学家肯定会将"社会主义转型"视作一段实现经济成功的伟大经历。中国的官员们偏爱大额投资，倾向于规模经济，喜欢谈论"支柱产业"，所以他们肯定更加倾向于一种"社会主义市场经济"的发展观念，这一观念更接近于查默斯·约翰逊（Chalmers Johnson）关于日本或爱丽丝·阿姆斯登（Alice Amsden）关于韩国提出的观点，而不是自由市场的倡导者米尔顿·弗里德曼（Milton Friedman）或杰弗里·萨克斯（Jeffrey Sachs）的观点。

4. 关于社会主义经济改革的讨论往往属于意识形态的范畴

当转型开始时，许多经济学家似乎相信，推动改革的政府从根本上可以通过各种公告来创建市场经济。这种观点似乎认为，一种体系是否是市场体系从根本上要看它是否存在各种计划和其他的干预手段。通过给利己主义逻辑松绑，取消限制和放开价格的政策将激励人们创建市场体系的制度基础。

这种想法导致人们提出了进行快速而全面改革的建议。国际机构敦促俄罗斯领导人"加快步伐以实现其建设市场经济的承诺，这需要同时解决稳定和结构性改革的问题"。

这种观点得到了经济史和发展研究中那种"先决条件"方法的支持。在该方法中，分析家力图确定那些其缺失被认为会阻碍工业化或经济增长的关键因素。在所有情况中，分析家都发现了强大的互补性。他们认为，某些具体特征的缺失将对发展前景造成最终损害，这是因为产业化、发展或转型的某些基本特征是不可替代的。

这一分析思路的科学依据很少。"先决条件"方法在历史研究和发展研究中很不成功。认为存在强大互补性的观点意味着，市场体系在缺少了理论课本中标出的一长串特定要求的情况下不能正常运转。这种观点忽略了市场体系的实际运作与"黑板经济学"的规律之间的巨大差异。若干重要问题随之出现。

关于转型的经济方面的建议通常歪曲了市场体系的现实。一位金融分析家指出："5年前，（美国的）银行不知道它们在特定的产品上是否赚到了钱，所以它们大范围地分散其投资以获得最高的增长率。"市场经济的这种（以及许多其他）现实情况在充满极端主义的研究转型经济体的文献中几乎没有得到关注。因此美国的政策分析人士建议俄罗斯"立即和全面解除价格管制"，这样卖家就可以"自由地设定其价格"，这是"其他所有改革的必要条件"，尽管美国和其他市场经济国家按照常规会削弱市场在劳动力、住房、农产品、教育、医疗保健、保险、电力、电信和其他许多商品和服务上的定价能力。政府"必须"实施某些政策，或者某些具体措施是"必要的"或"必需的"，这样的语言表述反复出现在研究转型经济体的文献中。这样的语句显示出这些作者对"先决条件"方法的忠心。

实现快速增长的经济体通常被粉饰为具备自由市场的特征。因此，杰弗里·萨克斯和安德鲁·华纳（Andrew Warner）在解释包括韩国在内的一系列快速增长的经济体的表现时说，在这些经济体内，"分配效率特别高"，这些经济体"主要依靠市场力量分配资源，政府干预始终保持在相对较低的水平。

这些国家还具备高度的市场竞争和开放贸易等特征"。任何看新闻的人都知道这种描述并不符合韩国的经济情况。

像许多其他经济学家一样，萨克斯和华纳强调市场体系与"分配效率"（也被称为"静态效率"或"帕累托效率"）之间的联系。这是亚当·斯密（Adam Smith）所谓的"看不见的手"带来的结果。在不减少其他某种产品的产量的情况下，要增加某种商品的产量是不可能的，从这种意义上来说，在没有任何限制的情况下（以及在某些高度程式化和不切实际的条件下），竞争性经济将实现最大产出。竞争会消除懈怠或浪费。

对帕累托效率的偏离会导致浪费，虽然避免这种偏离所固有的浪费显然是令人期待的（假设不涉及成本），但是帕累托效率与科技活力或长期增长（它们是社会主义改革的目标）之间不存在任何理论上或历史上的联系。为什么历史学家唯独将帕累托效率看作美国或日本经济增长的驱动力？垄断、国家指导、企业联合和保护主义都是这两个国家实现经济长期增长的重要因素。再多的痴心妄想也无法改变历史过程，它表明，亚洲"新兴工业化国家"实现经济突飞猛进时所拥有的条件与典型的自由市场条件相去甚远。

经济学家们经常忽视"次优理论"。保罗·萨缪尔森（Paul Samuelson）在20世纪40年代最先对该理论进行了论述，其分析表明，消除完全竞争经济的一些（但不是全部）阻碍不一定会改善经济的运转情况。因为没有哪种经济能完全避免偏离竞争（即使是香港政府也一直牢固控制着土地——这一地区最稀缺的资源，并对住房、教育和卫生保健等市场进行积极干预），将任何经济体推向自由市场方向的努力总是需要得到谨慎的辩护。就如保罗·克鲁格曼（Paul Krugman）所说的那样："所有完美的市场都是相似的，而每个不完美的市场都有其自身的不完美。你不能提出一种一刀切的政策……"

最关键的是，因为远超出了本文讨论范围的各种原因，经济学家开始讨论背负着大量意识形态包袱的改革问题。这种意识形态的信条包括：毫无根据地相信静态效率即使在一个充满活力的世界里也至关重要，积极地（和不科学地）倡导自由、灵活的市场，以接近于宗教般的虔诚相信私有制优于公有制。

5. 中国经济的最新发展趋势挑战着从意识形态角度看待社会主义转型和经济改革的观点

中国拥有世界上最多的人口,也是世界上最大的经济体之一。例如,中国的工业劳动力可能超过了所有其他发展中国家和转型经济体的工业劳动力的总和。中国实现了巨大的经济成功。过去 20 年,在每一个可以想见的经济绩效指标方面,中国都实现了大幅增长:产量、生产率、就业、收入、出口、平均寿命,等等。

中国的成功完全出乎意料。没有经济学家预判到中国会具有如此巨大的活力。许多人(包括笔者)当时不相信,起始于 20 世纪 80 年代末的局部的和不彻底的改革措施会从根本上改变中国经济的发展路径。

中国巨大的经济成就对于经济学家而言尤其重要,这是因为中国近年来井喷式增长的主要特点与上文提到的一种根深蒂固的传统观念是存在严重冲突的,这种传统观念依赖于情感、意识形态和科学分析之间的一种奇特组合。

这一冲突使得关于中国的研究对于发展经济学和转型经济学变得尤其重要。中国改革获得成功的基础是逐步用市场配置取代国家控制。随着市场力量逐步扩展范围和影响,市场和计划共存着。这种状况一直持续到 20 世纪 90 年代初期,然后平稳进入了第二个十年改革阶段。国家领导人仅仅对改革进程进行着有限的控制。虽然中国似乎已经成为一个(受到严格监管的)市场经济国家,但产权仍然不明确,交易成本仍然较高,私人所有制所占的份额仍然有限(尤其是在工业中,其中完全私有的企业对总产量的贡献不超过 10%—15%)。

中国改革的所有这些显著特点都与传统观念的预期相违背。这些冲突意味着有必要用一些新的(虽然还不为人所知的)理论来取代过去的那些陈词滥调,而关于中国经济的研究将会为这些新理论作出重要贡献。

6. 对于中国经济增长的反应带着否定和怀疑的色彩

经济学家们已经建立了关于经济改革的范式。在传统的观念里，成功的改革取决于灵活的定价机制、开放国际贸易、尽量减少政府对市场运作进行干预、对生产资料的私人所有。中国的经济发展与该范式相去甚远。许多研究者，包括一些世界银行的研究者，在谈论和论述"改革"与"转型"时，好像中国这个最大的转型经济体并不存在一样。因此，约翰·内里斯（John Nellis）在回应针对世界银行鼓吹私有化的批评时说："可悲的现实是，在那些回避、推迟或试图缓慢进行私有化的国家，其结果甚至比［已实施私有化的俄罗斯、捷克共和国以及其他国家］更为糟糕。"但是，中国呢？

一些人则表达了自己的怀疑。一位抨击中国的记者声称，"台湾投资者一直是在大陆投资最成功的群体之一，但是他们的投资中只有不到一半的投资是盈利的"。1996年在台北举行的一次会议上，一位著名的美国经济学家在评价俄罗斯和中国的经济改革时告诉听众："俄罗斯人已经找到了正确的改革道路。"

另外一类疑问是针对中国的制度提出的。克林顿总统的经济顾问劳拉·泰森（Laura Tyson）博士在为美国的对华政策辩护时坚持认为："大部分从中国进口到美国的商品不是来自其国有企业，而是来自其私人或准私人部门。"世界银行的出版物也提出了相同的说法。

一种更细致的说法淡化了中国特色社会主义的重要性："中国改革的问题在根本上属于典型的发展问题，即推动农村富余的、生产率低下的劳动力转移到工业和服务业。"一个规模庞大的农业部门必然会使中国改革前的经济结构完全不同于俄罗斯和其他东欧国家。但这无损于中国最近取得的卓越成就。如果成百万受教育水平低、被过度管控、就业不足的农民代表所谓的"落后的优势"，那么，为什么我们在埃及、印度、孟加拉国、巴基斯坦、尼日利亚和其他具备这一"优势"的国家里没有看到如此突飞猛进的增长？

这些研究者没有接受"中东欧国家和苏联应采用中国的模式"进行改革的建议，这一点是毋庸置疑的。但他们自己却急于否定中国在社会主义改革中取得的成就，这表明了他们想将中国模式排除在其他前社会主义国家可以采用的发展战略之外的迫切愿望。

那种认为中国近年来的经济成就只代表了"微小的"发展的看法与那种坚信其他国家必须遵从中国的改革路径的观点一样肤浅。毕竟，中国改革前的经济还包括如下方面：国家对价格和资源配置的广泛控制；集体化农业；庞大而复杂的国有企业；规模庞大、人员冗杂的中央和各级地方政府以及党的官僚机构；长达四分之一世纪的中央计划投资留下的遗产。

我们需要超越这种由否定和歪曲构成的看法，转而对中国经济的情况进行冷静的评价。我们需要考察支撑当前发展的社会—经济力量，探究目前的趋势会如何发展，考虑中国目前的经济状况带来的成本和危险，探讨改革进程在下一阶段的可能性，并探寻对中国近期发展经历的更深入的理解如何才能解释更广泛的经济增长和体制变革的问题。

二、中国的经济改革

1. 互动式的改革是中国转型的基本机制

目前，中国已经历了 20 年的快速和持续增长。按国际标准来看，中国宏观经济的波动仍然只是轻微的。这种井喷式的增长伴随着显著的质变。利润动机似乎无处不在。即使是国有大型工业企业也发现自己被迫接受了市场文化。尽管各种形式的补贴依然存在，但中国经济中的各种机构越来越多地被迫适应市场产生的经济后果。以前与国际市场趋势隔绝的国内产业发现自己受到国际和国内市场力量的双重冲击。制度安排屈服于外部压力。这些变化在中国社会的每个层面持续改变着个人的态度、期望和行为。

这些变化是如何发生的呢？传统的政策建议将经济改革描绘成为一系列法令所施加的改变，其中很多法令是以中央计划的方式颁布的。中国的改革是非常不同的。最初的改革目标是想通过修补社会主义制度来提高绩效。

早期的改革努力是局部的和尝试性的。当前建立"社会主义市场经济"

的目标本身就是改革的产物，到20世纪90年代才形成。官方的改革政策持续关注的是扶持措施（利润共享、市场开放）而不是强制措施（私有化、破产）。尽管改革措施涉及范围有限，但它们有助于打破准入壁垒，加剧竞争，降低利润率，降低公共收入的增长，尤其中央财政收入。由此产生的财政压力继续推动着企业和决策者向创新、降低成本的方向发展，并使政策进一步依赖市场。

互动式改革的观点阐明了中国经济体制的重要方面。政府权力的削弱既是一个意想不到的结果，又是中国改革的强大引擎。最艰难的改革任务是促使国有企业和它们的员工从获得保护的温室进入到市场竞争的压力中。国家在收入中所占份额的下降以及中国各省及地方之间激烈的经济竞争的出现对于推动实现这一困难重重而又令人不快的目标而言至关重要。

2. 就业保障：缓慢的改革如何才能产生明显的效果？

以就业保障为例。中国的国有企业聘用着数百万计的冗余工人。在改革开始时，这些工人享有的终身就业和从摇篮到坟墓的福利保障是不可侵犯的。今天，成千上万的国有企业职工下岗了。这是十多年的财政压力和试验性解决方案的结果。对于终身就业制度的削弱是缓慢进行的，它包括了许多小的措施。

起初，薛暮桥等经济学家只敢建议人们考虑一下为国有企业职工提供终身保障带来的成本。然后，个人奖金的提高和就业流动性的增加促使雇主开始关注付出与报酬之间的联系。在20世纪80年代末，"劳动力优化体制"要求管理者们将其员工区分为核心团队和外围团队。在20世纪90年代初，管理者们发现了"脱身之计"，那就是将员工再分配到酒店、餐馆和其他服务行业，然后推动这些服务性企业及其职工进行独立经营。下一个阶段的创新就是管理者发明了一种新的机制——下岗，即冗余员工被暂时解雇，对其发放部分工资。在某些情况下，下岗职工被要求参加培训，其中的优秀者可以返回到工作岗位。

这种渐进改革持续了15年，并没有使冗余人员的数量减少多少，但确实使人们的态度产生了重大改变。在1980年、1985年，甚至1990年，国有企业可以解雇大量的员工这样的观念对于中国工人而言是令人难以置信的。但是，到了1992年或1993年，即使是最迟钝的国有企业职工也一定意识到了最终政府不会保障他们终身就业，而且，这样的结果即将来临。由于中国的社会保障体系仍然"不完善"，大规模裁员是不可能的，诸如此类的说法恰恰揭示了终身就业制的结束。

国有企业职工的终身就业制在1996年悄然终止。那年年底，报纸照例在讨论着下岗者的过去和未来，领导人照例在鼓励地方官员帮助失业工人培养新的技能，找到新的工作，并在此期间给他们的家庭以支持。

3. 财政压力继续推动着改革进程

中国企业面临着持续的财政压力。1995年的工业普查发现除私人企业外，其他所有制类型的企业中超过20%的企业都在亏损。合资企业中超过五分之一在1995年都是亏损的。国有工业企业在1996年的前7个月里经历了全面亏损。国内外企业的持续进入，关税、配额以及其他阻碍国内外商品流动的障碍的减少，以及不断改善的国内交通和通信设施，都预示着未来将充斥着更多而不是更少的竞争。

解雇工人的可行性不断增加，这必将减少破产的阻力。其原因正如一位中国研究者所评论的，"工人的命运一直是破产的最大障碍"。迫使数量日益增多的冗余工人和亏损企业退出市场，这有利于去除银行系统改革的一个重要障碍：为了支撑冗余工人和他们无利润可言的企业而发放的政令性贷款（politically-mandated loan）。

破产情况的增加迫使中国加快了在法律、司法、监管、银行和会计制度等方面的改革步伐。破产案件的参与者必须制定出程序来评估资产负债情况，并权衡各债权人的债权主张。各地都在努力应对这些问题。与此同时，破产引发了工人、退休人员、管理人员、银行及其他债权人之间的激烈冲突。

4. 对中国经济改革的解读

在中国，政府行为，特别是中央政府的政策只是改革过程的一部分。对于中央政府的关切的关注使许多分析家偏爱那种从中央计划角度研究改革的方法，它将官员（及其经济顾问）运作社会的方式描述为就像外科医生对昏迷病人的器官或四肢进行重造一样。

这并不是否认公共政策的基本功能。但改革是一个过程，而不是一个事件。政策决策仅代表着一个复杂的动态机制的一个方面，这一动态机制围绕着如下因素之间的相互作用而变化着：各种改革举措、对具体政策的分散性响应、与各种基础性的社会经济力量相关的经济趋势以及决策精英内部和外部的观念与态度的变化。中国的经验及其许多意想不到的结果，提供了一个独特而又恰当的改革案例，其中政府的主要贡献在于启动一轮又一轮的变革。中国的改革类似于这样一个市场过程，在其中，新模式的兴起主要源自去集中化的试验而不是官方的指令，而这一新模式预示着新的行为规范和制度安排的形成。

中央规划的改革与去集中化的协商和试验所导致的体制变革之间的区别对应着阿瑟·C. 庇古（Arthur C. Pigou）与罗纳德·科斯（Ronald Coase）不同的政策观念。庇古教导我们，市场失灵需要政府实施设计合理的税收或补贴制度。发展经济学中的大部分理论遵循着这一传统，倾向于"强调市场失灵的各种问题以及信息灵通的官员进行干预的必要性"。罗森斯坦-罗丹（Rosenstein-Rodan）主张的"大推动"（即在社会主义和战时动员条件下实施的中央计划）与今天市场经济中的监管的许多方面有着类似的特点。在任何情况下，政府必须收集和处理足够多的信息，以便作出明智的决策或颁布设计合理的税收、补贴或监管制度。

另一种研究进路认为国家应该承担的任务就是在追求新的资源整合的过程中要创造条件来鼓励进行去集中化的、不受管制的试验，这种资源整合可以改善经济问题，减少浪费，提升效率，开辟提高生产力的新方法。这一观点是内在于所谓的"科斯定理"（Coase Theorem）的，该定理认为，在不存在交易成本的情况下，形成定义清晰的所有权并对其进行保护将使得各利益相关方在国家不参与和不知晓的情况下协商制订出解决市场失灵的有效方案。虽然零交易成本的假设从来没有实现过（在中国肯定不会存在），科斯的看法意味着政府明晰产权和降低交易成本的努力能够增加经济主体在没有国家直接干预的情况下通过去集中化的合约来提升效率。

安德鲁·肖特（Andrew Schotter）作了类似的区别，指出了"关于制度的两种观点"。第一种观点与庇古的福利经济学产生了共鸣，它将社会制度视作"一整套规则……是各种规划好和设计好的机制，从外部赋予或强加给各种主体构成的社会"。肖特将第二种观点追溯至卡尔·门格尔（Carl Menger），这种观点并不将"社会制度视为预先设计好的规则，而是将其看作社会行为的偶然的和无意识的规律……它们的形成以及自发性的演变源自个体最佳的或令人满意的行为，而不是由社会的规划者设计出来的"。

社会主义制度将中央强制实施规则的理念发挥到了极致。计划制订者们不仅要对价格、数量和商品流动作出规定，还要控制企业的组织形式、管理者的任命、工资的计算、企业计划和活动的日程安排。

詹姆斯·布坎南（James Buchanan）在设想制度的渐进形成过程时写道：

> 竞争性的市场不是假设或构造出来的。当制度对个体的行为模式施加限制时，市场就变成竞争性的，竞争规则也逐步建立起来。处于交换过程中的人类行为所面临的持续压力导致了这一转变过程，而正是这种转变过程才是我们规则的核心部分。解决方案……不是由外在的规则预先决定的……如果存在解决方案的话，[它的]出现是不断交换、协商、交易和转移支付所构成的整个网络的结果……在形成解决方案的演进过程的每个阶段，都会取得一些成就，总会存在一些可能的交换，这样……发展的方向会被修正。

社会学家马克·格兰诺维特（Mark Granovetter）和理查德·斯威德伯格（Richard Swedberg）同意这个观点：

制度不是客观的、"外在的"现实。相反，它们通常是缓慢的社会创造的结果；某种做事方式被"强化"，并最终成为"固定的处事方式"。当制度最终形成时，人们让他们的行动适应一套……由其他社会参与者认可的模式。

三、中国经济路在何方？

经济学家在进行长期预测方面表现不佳。单看"二战"后的这段时期，我们的专业人士就没有预料到日本、韩国、中国台湾、中国香港以及新加坡的爆发式增长，当然，还有整个中国。从更长的时间来看，西蒙·库兹涅茨（Simon Kuznets）发现，科幻小说作家在预测未来方面胜过经济学家。然而展望未来的诱惑是巨大的。

中国经济表现出许多强劲的迹象。中国民众有文化、雄心勃勃并富有创业精神。30年的社会主义发展过程并没有削弱中国社会培养能够为了追求经济效益而建构起组织和网络的人才的能力。整个国家现已形成共识，支持快速增长和持续的以市场为导向的改革。20年的持续发展已经形成了动力和信心，正如日本的高速增长时期一样，这种动力和信心自身就是发展过程中的重要推动者。

同时，中国经济也有很多不足，我们简要列举其中三个方面的情况。

中国企业领导人在被问及他们的最大困难时，总是抱怨缺少资金。如果资金匮乏是一个普遍的现象，那么可以用来投资的资金就是一种应该产生高额回报的宝贵资源。然而，资本回报现在很低并在不断下降：中国研究者常常批评说，收益率达不到中国银行收取的（相当低）贷款利率。这表明中国的资本市场还存在很大不足。

来自中国金融部门的信息证实了这一预判。像日本和韩国的同行一样，中国的银行急于扩大其经营规模，而不注重资产质量。

尽管无法偿还的贷款所占的份额被广泛认为高达30%，甚至是40%，但银行仍然一边维系着可怜的储备金以应对坏账，一边持续发布乐观的财务报告。

尽管"软贷款"（不参照商业标准发放贷款）毫无疑问仍在继续，然而银行业务的商业化这一趋势是极其重要的，但也是被广泛忽视的。一个例子足以说明问题：当数个公司合并资源在西安创建南风日化有限公司的时候，当事人将所有银行债务，包括本金和利息，转入了新的实体，它们就变成了新公司的债务，他们这样做的目的是为了确保获得银行的支持，并增加未来获得贷款的可能性。显然，西安的银行在南风公司拒绝偿清其前身的银行贷款的情况下可以威胁停止贷款。

中国国有企业的艰辛被广泛报道。前面我们已经提到过它们利润低，人员冗余，债务占资产的比例持续攀高。尽管国有企业在银行贷款中继续占据着巨大份额，并追求巨额投资，但是，其工业总产值现在仅占到全国总量的三分之一，这一份额还在持续下降。某些理论家为这一困难局面而狂欢，这证实了他们对公有制的极端畏惧。

虽然管理不善、浪费以及欺诈行为肯定存在，但是对国有企业绩效的流行的和通常是负面的评价有些过头了。中国的国有工业企业已经提高了产量、生产率和出口，即使其生产率最高的资产已经转移到新的股份制公司和合资企业，而非生产性资产在裁员和破产实现规范化之前仍会陷入困境中。许多合资企业是以现有国有企业的设备和人员组建而成的，它们在出口方面的成功表明国有企业中运转良好的部分与国际市场的标准相差不远。在许多情况下，来自国外合作伙伴的新的资金注入、额外的设备、最新的设计或者新增的营销知识将使从国有企业转变而来的合资企业变成一个成功的出口生产企业，这就证明那种认为国有企业缺少竞争力和懒散拖沓的观点是错误的。

国有企业的财务问题的主要根源在于它们的历史，而不是它们的所有权。尽管人们的关注重点聚焦于国有企业获得的各种补贴，但这些企业是在面临相当大财政困难的条件下进行运作的。粗略的计算表明，这些财政负担可能等于甚至超过了直接和间接补贴的总值。如果没有这些负担，国有企业的盈利可能相当于或超过在中国受到高度吹捧的集体工厂的财务状况。即使它们有着特殊的负担,但与众多的研究结果相反的是,国有企业在生产率方面的表现可以达到甚或超过集体部门所达到的水平。

我们只需考虑国有企业面临的难题之一:养老金。国有企业面临着迅速增加的养老金债务,它们需要从当前的收益中进行支付。农村集体企业和合资企业是国有企业的竞争对手,它们则避开了这些成本,因为它们没有多少年长的员工。毫无疑问,退休金债务会不断增加。问题的出现是因为国家直到最近还在收缴几乎所有的国有企业利润(在改革期间持续提取了超过80%的国有企业盈利),忽视了养老金储备的积累。

中国技术创新的能力很大一部分掌握在国有企业手中。其中很多企业由于财务状况不佳而削弱了创新能力。释放其生产潜力并非易事。政府不能提供巨额的新资金来取代过去的利润。中国的国企难题没有简单的答案。

一个更普遍的问题来自改革过程中可能存在的时间限制。上述关于渐进的、互动式的改革的讨论忽略了可能的时间限制,这可能是一个大错误。渐进式改革需要超过15年的时间来解决国有企业员工的额外保障问题。尽管最近取得了一些进展,但仍需要更多的时间来解决国有企业本身的额外保障问题。在财政压力引起大面积经济下滑之前,零星的改革能起到作用吗?在渐进式改革使中国的国有企业实现普遍好转之前,国有企业的资产负债率(现在超过了80%)有没有可能达到100%?

四、结论

本文所作的简短调查得出了四点结论。

我们现在都是渐进主义者。是时候抛弃那种关于是"大爆炸式改革"还是"渐进式改革"的激烈而又徒劳无果的辩论了。即使那些快速转型的最狂热的推崇者们也都明白,从计划经济到市场经济的道路是漫长和曲折的:通过对产业的私有化来"完善所有制结构"只是一种手段,最终目标是实现高效运转,这需要对企业的运作进行彻底重组,这反过来又依赖于法律和政治的进一步改革。

半市场体系可以带来爆发式的快速增长。在批评家们对产权不健全、商业法律缺失、内部贸易壁垒森严、腐败严重以及许多其他问题抱怨不已的时候,中国粗放型的半市场体系连创经济增长新高。即使中国当前的井喷式增长走向疲软,中国(和韩国)最近的经济发展史仍然表明,一个成熟的市场体系的形成并不是经济加速增长、结构改变和技术进步的必要前提。

即使从长远来看,向美国模式的趋同是最好的结果,但东亚在最近时期的经济发展史表明,"长远"的确太遥远,与(可能的)远期的最佳选择完全不同的制度安排也能带来巨大的增长。

经济学家们高估了所有权的重要性。中国是世界上增长最快的经济体。工业是中国经济增长的引擎,如上所述,在中国工业中,全部或部分私有制所占的份额仍然很小。中国这个最大的发展中国家和最大的转型经济体,在其工业企业、金融机构或农业土地没有被大规模私有化的情况下实现了经济的加速增长,这一历史表明经济学家们夸大了所有权问题。

经济学理论将私有制与静态效率联系在一起,但是静态效率并不是经济改革的主要目标。此外,私有制与静态效率之间的理论联系在存在管制的情况下是失效的。以工商企业为中心建立起来的市场结构和制度安排对企业绩效的影响要大于对所有权的性质的影响。美国的大学提供了一个极好的例证。研究生教育存在一个全球市场。在这个产业里,美国位列第一,且没有第二。所有国家的学生涌向美国的大学,学习从物理学、医学到中国经济、日本史等各个专业。美国大学教育这一领域的特点就是在公立机构(加州大学)、私立学校(斯坦福大学、普林斯顿大学)和混合制学校(康奈尔大学、匹兹堡大学)之间存在激烈竞争。公立部门的机构接受政府资金,但在很大程度上仍独立于官方的控制。它们与私立学校在师资、生源和研究经费上持续展开直接竞争,它们在竞争中取得的胜利显示出了公立机构的生存能力。

在中国,公有制与公有企业(国有企业和集体企业)的严重缺陷之间的联系被广泛夸大了。中国国有企业(及城镇集体企业)所面临的财政问题的首要原因来自过去,而不是因为所有制形式。长期推迟结束国有企业及其工人的终身就业制的原因不是因为国有企业都属公有部门——毕竟，作为中国公有部门的另一部分，乡镇企业及其工人都没有享受相应的保护，而是因为中国政府担心下岗和停产会威胁到中国城市的社会稳定。将国有企业的所有权转让给私人股东并不会减少官方对可能出现的不稳定的关切。俄罗斯的经验表明，政府轻易就可以阻碍新的所有者对私有化的企业进行重组的努力。

私有化是追求繁荣发展的许多政策选项之一，而并不是一剂神丹妙药。从这个角度看，中国目前将越来越多的国有企业特别是小型的、财政陷入困境的企业转交给国有部门以外的新所有者的计划似乎有据可循，非常可取。这是公共政策在数量和质量之间进行的一个交换。成千上万的企业从政府的管辖中剥离出去，这可以提高政府运作的质量。它也能鼓励政府减少自己的雇员。如果这种剥离有助于私企部门蓬勃发展的话，那么，这将增大剩余的国有企业的竞争压力。剥离将使政府集中关注增加私营部门获得信贷和法律保护的途径这一需求，以及保护私营企业避免遭遇掠夺性的税收上缴。这些领域的进步将增加私营部门对劳动力的需求，这将有助于减轻剩余的国有企业继续进行改革的最大障碍。

市场经济是建立在大量复杂的、错综交织的制度之上的。过去20年的发展使中国向着市场体系迈出了巨大的步伐。最近几年的变化步伐不断加快。每个月，关于各种举措的信息纷至沓来，这些举措将在贸易、定价、银行业务、保险、法律、劳动力、财产权、资本市场、公司治理和许多其他领域中深化市场体制。但是，随着改革快速向前发展，看似无止境的众多差距、困难、不足和问题浮上水面。这种成功和困难并存的局面也引发了人们对于中国的改革努力是"成功"还是"失败"的无休止的争论。它也说明了市场机制的多样性、深度和复杂性。对中国和其他转型国家建立市场经济的尝试所进行的研究提供了一个值得注意的视角，它能够提出关于经济体系的结构和演变的新见解。

中国新发展模式的核心[*]

约瑟夫·E. 斯蒂格利茨[**] 著 包金平 译

[内容提要] 文章指出,中国经济在过去 30 年的成功建立在以下两点的基础上:一是它实施了适应本国国情和发展目标的政策和战略,二是创新。而中国经济要继续发展,并解决新出现的问题,需要一种新的发展模式,这种新模式要求中国从出口拉动型增长中转移出来,而其核心是创新。作者认为,在向这一新模式转型的过程中,中国需要根据本国的特殊情况和目标来建设市场经济并加强社会保障体系。

[关键词] 发展模式 创新 市场经济 社会保障

自从中国开始转向市场经济以来,它在过去的 30 年里取得的成功在很大程度上是建立在其战略和政策的适应性基础上的:旧的问题解决完之后,又出现了新问题,为此就必须设计出新的政策和战略。中国经济成功的另一个基础是社会创新。因为中国面临的问题和其他国家面临的不一样,所以必须

---

 * 本文是美国经济学家、哥伦比亚大学教授、诺贝尔经济学奖获得者约瑟夫·E. 斯蒂格利茨为 2007 年 3 月在北京举办的"中国发展论坛"准备的发言稿。译文原载《国外理论动态》2013 年第 1 期。

 ** 约瑟夫·E. 斯蒂格利茨(Joseph E. Stiglitz),哥伦比亚大学经济学、商学以及国际和公共事务教授。

找到新的解决办法。而且中国认识到，它不能简单地将他国的经济制度移植过来（即使这些制度在其他国家运行良好）；至少要对这些经济制度进行修改以使其适应中国的情况。不仅中国的国情和历史不一样，而且从很大程度上说，它要实现的目标也不一样。这些是中国谈及具有中国特色的市场经济的部分原因。即使中国那些已经成功的制度也必须随着时间的推移进行修改。乡镇企业本身就是一种社会创新，它们在20世纪80年代和90年代早期对中国经济的成功起过重要作用，但是随着中国在全球经济中的作用越来越重要，它们不再能应对中国面临的所有挑战。

中国2006年公布了第十一个五年计划，集中关注了过去的经济成功中所出现的一些问题。不是所有人都平等地从过去几十年的快速发展中受益；尽管消除贫困取得了巨大成功，但是不平等却急剧加大。更大程度地依赖市场意味着，从某些领域（例如医疗、教育）来看，一些农村地区的生活水平可能下降了。快速的经济增长也给环境带来了巨大的压力，从长期来看，这种增长显而易见不是可持续的。中国先前所走的发展道路与和谐社会的目标不一致，因而需要找到新的方向。同时，在政府能够征收到足够多的税收的条件下，经济的快速发展为中国解决这些问题提供了所需的财力和物力。

当然，如果中国想要为不断增加的人口提供足够的就业，并且想要拥有满足社会的巨大需求所必需的资源，那么，经济就必须继续快速增长。但是其他国家的情况表明，即便是经济的快速增长也不一定会增加就业；只有产量的增长速度比生产率快时，才会增加就业。而且，即便是快速的经济增长，也不一定会导致社会大多数人生活水平的提高。

去年，在中国发展论坛上发表讲话时，我谈到了"十一五"计划背后的一些经济原则，从标准经济学概念的角度对它们进行了讨论，这些概念有助于明确政府在一个现代经济体中必须扮演的角色。

今天，我的发言将集中关注以下几个方面。不过，这些问题必然有其背景：为什么中国的"十一五"计划从一些关键的方面来看是建立在一种新的经济模式基础上的；这一新的经济模式与中国以前遵循的模式不一样，也与许多西方国家正在遵循的模式不一样。要想了解这一新的经济模式，人们必须了解旧的经济模式为什么能在过去发挥良好作用，它面临哪些问题，以及新经济模式是如何解决这些问题的。从这个意义上来说，最重要的是：（a）为什么出口拉动型经济增长在过去如此重要，但是现在为什么能以新的、更好的增长方式来实现它以前所发挥的作用？（b）为什么中国需要一个独立的创新体系？

出口拉动型增长

与大部分亚洲国家一样，中国经济成功的基础是出口拉动型的经济增长。中国的"十一五"规划要求改变这种增长模式，转向更多依赖国内消费和国内投资的增长模式。（当然，出口将继续起到重要作用。问题在于增长模式的重新平衡。）

从全球来看，那些认为自身就业受到威胁的国家并不欢迎中国在出口方面的成功。对这些国家而言，嘴上谈谈竞争与市场的优点是一回事，在市场游戏中输掉则完全是另外一回事；在许多地方，人们看到开始出现激烈的保护主义情绪。出口大于进口帮助刺激了中国的经济，但是对其他国家所产生的影响却截然相反。

贸易顺差使中国积累了大量的外汇储备，这些储备能够帮助中国不受全球市场波动的影响。其他国家从东亚金融危机的亲身经历中认识到了没有充足外汇储备的种种风险。中国不想自己再经历同样的事情。不过，中国已经积累了一万多亿美元的外汇储备，足以应付任何危机。可是，人民币汇率的上升仍然对农村地区有负面影响，有可能加大城乡收入的差距。中国的出口行业可能会经受住人民币汇率的上升（尽管汇率上升对全球经济不平衡作用甚微，甚至可能会使情况更糟糕，因为它会让美国为贸易赤字进行融资的问题变得更困难）；可是，中国面临着两难的境地：如果中国让人民币升值，对农民给予补贴（实际上，这会抵消美国和欧盟的农业补贴），那么，这会拿走其他发展目标所需的稀缺资金，包括对教育和医疗的投资。

（一）不以出口拉动经济增长的其他措施

我们需要其他不会同时加大城乡差距的措施来调整贸易不平衡。其中的一项措施是征收出口税或者减少出口退税，它的另外一个优点是增加收入，这些收入能够被用于实现其他社会目标。

许多中国出口产品是能源密集型的，其社会成本远远大于企业所承担的成本。提高能源价格（并征收碳排放税和其他环境税）有助于经济结构的调整（包括帮助中国从出口转移到其他领域），同时又增加了可以用于实现其他社会目标的收入。

（二）为什么是出口导向型的增长

人们很自然地会问：为什么出口拉动型经济增长对中国和这么多其他东亚国家有用？放弃出口拉动型的增长会不会对其增长产生负面影响？有没有可以满足其要求的其他方法？出口拉动型的经济增长很重要，原因有三个。

第一，它提供了创新的基础。将发展中国家与发达国家区分开的不仅仅是资源上的差距，而且还有知识上的差距。正如格林沃尔德（Bruce Greenwald）和我指出的那样，出于各种原因，知识的传播因为产业规模的扩大而得到了加强。人们在某个部门学到的技术随后会逐渐传播到经济体的其他部门。第二，出口竞争激烈，竞争促使人们提高效率、进行创新。要想成功，就得符合国际标准；同样，竞争带来的好处最后会扩展到整个经济体。第三，在发展的早期阶段，生产能力可能超过消费能力，或者更确切地说，超过对所生产的特殊商品的需求的扩大。尽管许多家庭和企业可能会有潜在的需求，但是只有它们能够得到贷款，这些潜在需求才能转化为有效需求。不过，在发展的早期阶段，能够对那些信用可靠的人与那些信用不可靠但能够强制实施信贷合同的人作出区分的金融机构（以及基本的立法机制）往往还没有发展起来。把钱借给国外、为国外消费提供资金比把钱借给国内更便利。

实际上,近年来,人们认为中国一直在从事卖方融资:它出借了大量资金,这些资金使其他国家的人们能够购买中国的商品。

(三)为什么中国现在可以从出口拉动型增长中抽身出来

今天,出口拉动型增长曾经发挥的作用可以通过其他方法来实现。中国正在建立一个广泛的创新系统(见下文);它"学会了如何学习",不再需要通过出口来学习。中国已经形成了有活力的内部竞争,例如,乡镇企业和其他企业之间的竞争。诚然,为了保证国内竞争依然激烈,中国需要建立强有力的有关竞争的法律,并且应该警惕那些支持建立大型"国内龙头企业"的观点,至少是在这些国内龙头企业对国内竞争产生威胁的时候,应该保持警惕。

最后,中国在建立强大的国内金融体系方面已经取得了长足进步。在这个阶段,扩大国内信贷量,特别是为住房和抵押债务提供贷款,是容易的。

(四)刺激消费

尽管我们谈到了从出口拉动型经济增长中抽身出来,但是,中国的贸易顺差实际上已经从2005年的1020亿美元增加到了2006年的1775亿美元。消费也增加了,可是,至少从一些数据来看,消费的增长速度不如GDP快。扩大消费不仅有助于中国不再依赖出口,而且还有利于提高人们的生活水平——而发展的目标就是提高生活水平。问题是:为什么中国有着"过多的"储蓄?对此存在四个假设,每个假设都有其作用,尽管有的假定可能比其他假设更重要。

一是不断扩大的不平等。由于高收入人群的消费倾向低于低收入人群,因此,不平等的扩大会导致消费占GDP的比率降低。所以,人们预期降低不平等程度的政策会相应地增加消费。

二是资本市场的缺陷，特别是中小企业面临的困难。一些数据表明，城市中的小企业数量已经下降；从历史上来看，小企业与就业的增加密切相关。它们在为那些以前没有工作的人提供新的就业机会方面起着特别重要的作用。许多人认为小企业是有活力的经济的核心——大企业为市场提供了产品，但要实现真正的革新，却要依靠小企业。小企业数量的下降（哪怕是没有增加）也应该引起人们相应的关注。人们认为，小企业数量下降的其中一个原因是它们缺少获得资金的渠道。大银行更愿意把钱贷给大企业。在美国，有一个通过小企业管理委员会实施的特殊政府计划，目的是通过承担一些风险来鼓励银行向小企业贷款。

在缺少资金获取渠道的情况下，那些想成为小企业经营者的人——或者已经在经营小企业的人——必须拥有非常高的储蓄率，才能获得扩大企业规模时所需要的资金。因此，扩大信贷渠道将有助于降低整体的储蓄率。

但是，增加消费的主要障碍不是缺少信贷，而是缺乏有效的社会安全网络、强有力的公共医疗体系、良好的公费教育。"预防性"储蓄压制了消费。因此，这些领域的改革会产生双重的好处：让中国不再依赖出口（以及国际市场的变化），同时提高人们的生活水平。

储蓄占 GDP 比率高的最后一个原因是经常账户顺差大，其标志是外汇储备的大量增加。2006 年，外汇储备占到了 GDP 的 7%。同时，中国政府依然保持了强有力的财政支配地位。不过，正如我们在前面所提到的，中国积累的外汇储备足以应对市场可能出现的任何变化。考虑到中国在医疗和教育方面有着很高的社会需求——再加上很高的个人储蓄率，中国完全可以经受住适度的财政赤字。

当然，中国可以通过扩大投资来减少对出口的依赖；但是中国的投资率已经很高了，因此，当前它所面临的问题与其说与投资水平有关，不如说与资金的分配有关。人们担忧的是，一系列不当的投资动机在其中发挥作用——地方政府鼓励投资，既为了产生就业机会，也为了增加收入。特别是在房地产行业方面，人们担心目光短浅的投资者只关注短期的资本收益，而不关注长期的回报。

创新

新经济模式的核心是创新——提高稀缺资源的利用效率。创新是内生性的,它是资源向研发领域进行分配的结果以及努力学习如何进行"前沿"生产(有时也称为最佳实践)的有意识的政策的结果。不过,与所有的资源一样,用于研发和学习的资源也是稀缺的。人们可以将这种研发指向不同的目标。可惜的是,西方企业将自身的研发活动过多地指向那些减少劳动力的方面,而过少地考虑如何减少对环境的影响。

问题在于创新的社会回报不同于私人回报,这既是因为市场的扭曲,也是因为获得专利的私人回报显著不同于社会回报。

(一) 对劳动力节约型创新的过度鼓励

比如,在西方,高工资意味着劳动力投入减少带来的高回报。即便是在失业率很高的国家,也有大量投入被用在了劳动力节约型技术上,这使得失业问题更加恶化。关注劳动力节约型创新的原因在于,如此多的国家面临着日益增加的失业问题。如果生产率每年提高5%,那么,产量每年也要提高5%,才能保持就业的基本稳定。

实际上,对工业部门的企业所有者来说,他们从失业增加中还能得到深层次的好处:较高的失业率有利于压低工人工资,进一步降低生产成本。不过,中国必须创造出与新增劳动力大军的人口数量相匹配的就业机会。就中国的情况来看,由于劳动力从农村转移到了城市,因此城市创造就业的步伐要更大才行。工资的提高不是件坏事,发展的整体目标就是为了提高工人的福利。

(二) 对资源节约型创新的激励不足

由此类推,因为美国的企业不用为碳排放支付任何费用——尽管它们给全球经济带来了成本，但是它们没有动力寻求减少碳排放的革新。让企业为自己的行为负担起全部边际社会成本——比如碳排放的成本——会加强致力于减少污染的创新动力。

此外，碳排放税还有另外一个重要优点。它可以在采取行动应对全球变暖方面打破全球性僵局。关于全球变暖这一迫在眉睫的灾难所具有的风险，越来越多的科学研究给出了证据。英国的《斯特恩报告》用有说服力的理由证明，为降低这些风险所采取的行动带来的经济利益大于成本。《京都议定书》的基础是根据1990年的排放水平所制定的减排目标。不幸的是，没有人能够制定出一套可以指导人们以公平和平等的方式确定排放目标并被发展中国家和美国都接受的原则。因为一项共同政策的分配结果——即每个国家同意征收碳排放税，其税率反映了一致同意的碳排放带来的全球社会成本——在很大程度上是有其限制条件的，所以还需要存在着某种达成全球一致的希望。此外，对污染这样的坏事征税，而不是对劳动和储蓄这样的好事征税，看起来要合理得多。

（三）在市场经济中设计创新体系存在的根本问题

不过，在市场经济体中，创新体系存在的问题是更深层次的。人们常说知识产权是市场经济中创新体系的核心。但是，专利制度所产生的回报并不与社会回报完全吻合。创新产生的边际社会回报使人们能够比在没有这种回报的情况下更快地使用这一创新。但是专利制度把（临时）财产权授予了第一个发现了这一创新的人（或者更准确地讲，是获得该创新的专利的人）。

比如，我们考虑一下人类基因组的情况。以前，国际社会曾努力想破解人类基因。这一努力按部就班地进行着，此时，一些企业决定"击败"这一由公共资金资助的项目。即使这些企业只是提前一个小时先获得成功，它们也还会得到垄断的所有好处，即便它们的边际社会贡献是零。

不过，即便在这种情况下，利益也是零，专利制度对社会所产生的成本是巨大的。知识是一种公共产品，是"没有竞争性的"。一个人把某种知识告诉了别人，他自己的知识并没有因此而减少。限制知识的使用是降低效率的行为。但是，专利制度不仅限制知识的使用，而且还把该知识的专有使用权授予单一的一方，这样就造成了人为的垄断，而垄断扭曲了对资源的分配。就药品的情况而言，与之休戚相关的不仅仅是金钱，还有生命本身。垄断企业索要的价格可能太高，以至于穷人买不起药品。结果造成数千甚至数十万人不必要的死亡，特别是在公共医疗体系不健全的地方。

与专利制度相关的这种静态的低效率导致了巨大的成本，其存在的唯一合理理由是，它会带来动态的收益。但是，如果人们不对知识产权体制进行合理的设计，那么成本会比收益高得多。实际上，一个设计不佳的知识产权体制甚至可以扼杀创新。美国正在发生这种令人担忧的事情。对此日益增多的关注正导致人们对美国知识产权体制改革进行激烈的争论。至少，那些美国之外的人应该认识到，从某些企业领导人和政府官员那里听到的那种漂亮话（即知识产权制度越强大越好）并不反映经济学家和研究型知识产权律师的主流思想（这些律师没有受雇于那些从当前的知识产权体制中获得丰厚利润的企业）。

（四）为中国设计创新体系

每个国家必须建立适合自己国情的知识产权体制。这个体制必须对成本和收益进行平衡。一般而言，在发达国家和发展中国家，知识产权体制发挥作用的方式存在明显的差异。这就是为什么在世界知识产权组织中，发展中国家要求建立一种发展导向型的知识产权体制。我们在前面已经注意到，发展中国家现在面临的主要挑战之一就是要缩短把它们与发达国家区分开来的知识差距。一种设计不佳的知识产权体制可能让缩短这种差距变得更加困难。人们担心的是，在《与贸易有关的知识产权协议》的影响下，很多国家正在采纳美国式的知识产权体制，这种体制对美国都不合适，对发展中国家就更不合适了，而且此时美国自己都意识到了必须对其进行改革。

一个设计良好的创新体系是由各种措施联合构成的，包括政府资助的研究、奖励、专利。奖励制度可以为创新提供奖金，在这种情况下，想使用这些知识的人都可以获得这些知识（也许要支付少量许可费）。专利制度当然是一种奖励，但它是通过一种扭曲的垄断权获得的奖励。虽然制定专利制度的目的是为了限制知识的使用以及提高价格，但奖励制度利用市场经济和竞争的力量保证了最可能低的价格和最大限度的知识传播，以便让尽可能多的人享受到知识的好处。

与美国相比，中国需要的创新体系应该更多地重视奖励以及政府资助的研究，而较少强调专利，特别是因为创新需要指向我前面提到的一系列广泛的社会目标——就像我认为的那样，注意力应该放在减少环境敏感型资源的投入上，而不是放在减少劳动力上。

（五）从其他国家吸取经验教训

不过，既然谈到知识产权体制，中国就应该从美国知识产权体制的不足中吸取适当的教训，自从我上次在中国发展论坛上简要谈到这些问题后，过去的一年当中，这些不足已经变得更加清晰了。中国不必犯同样的错误。比如，它需要认真思考一些程序上的问题（在专利颁发前对其提出异议），认识到实际中存在着一种导致过度授予专利的偏见。个人有着强烈的获得专利的动机——个人可能会把知识的公共领域的一部分私有化，但是对专利授予提出异议的程序却使公众获益，改变了那些如果没有提出异议就可能属于私人领域的知识的性质，使公众能够获得这些知识。相应地，也会存在没有充分提出异议的情况；设计知识产权体制的过程在解决这一不平衡方面所能发挥的作用很有限。还存在其他涉及专利范围、创新标准、专利授予对象、实施程序（对"侵犯"专利的赔偿，即与目前美国的体制不一样的责任体制）、版权有效期等问题。

《与贸易有关的知识产权协议》规定，所有成员国负有建立知识产权制度的义务；但是即便是在《与贸易有关的知识产权协议》范围内，成员国也有着相当大的自由裁量权，因此，重要的是，中国要利用这一自由裁量权来建立适合本国的知识产权体制。尽管我已经描述了上述这样一种知识产权体制的设计所具有的一些特征，但是我想请大家注意它的另一个特征：强制许可的使用。《与贸易有关的知识产权协议》为颁发这些强制许可提供了"灵活性"，这使得生产基因类药品成为可能，这些药品能够以相当于品牌药的部分成本的价格出售。然而，包括中国在内的大部分国家目前还没有充分利用这种灵活性，后者能够使本国公民的健康状况得到很大的改善。

建立市场经济体制

对创新体系的简要讨论说明了与中国发展新模式相关的几个重要议题。

第一，新模式的成功要求人们认识到，中国现在所追求的目标与其他许多市场经济国家的关注焦点（只关注 GDP 的增长）之间存在的重要差别。不过，它也需要人们认识到，即便是从比较狭隘的目标来看，西方的市场经济模式也经常会失败，并且不同的西方国家采取的道路也不尽相同。在那些特别关注更加广泛的社会目标的西方国家，人们经常批评某些已采纳的制度安排。

第二，人们必须认识到，"一刀切"几乎从来就是无用的，并且把外国的制度安排（比如美国的知识产权体制）移植到中国也可能是个错误。某种适应性的修改总是必要的。但是在很多情况下，考虑到具体国情和目标的不同，合适的制度安排上的差异也很大，以至于一开始就把美国模式当成样板可能是一个错误。

第三，市场经济有很多不同的形式，从许多方面来讲，美国模式与斯堪的纳维亚模式不一样，与欧洲大陆模式不一样，与日本模式也不一样。这些国家的历史、社会背景、具体的社会目标都不一样。斯堪的纳维亚模式更加重视社会团结和社会正义，体现了对穷人的更多关心。从更广泛的社会福利指数（比如联合国开发计划署的人类发展指数）来看，斯堪的纳维亚国家成功地达到了比美国高得多的水平，而它们的经济增长也一直强劲。它们也一直具有高度的创新性，新技术的渗透进一步使它们位于世界前列。

第四，关于制度设计问题的许多讨论（比如有关知识产权的讨论）的基础不是对某个具体西方国家中这些制度的实际特征以及所起的作用的了解，而是一种学术上的理想化——这些制度的这种理想化版本可能会得到一些极端群体的支持，但是在实践中却从来不会被采用。例如，虽然一些自由市场经济学家支持一种从根本上说是私人性的退休保险计划，但是，在布什总统2005年1月提出把社会保险体系部分私有化的建议后，美国其实一直在拒绝将公共社会保险体系部分私有化的理念。政府承担的成本要远低于行政成本，它提供私营市场一般不予提供的抵抗各种风险（如通货膨胀风险）的保险，并且能够实现用其他方式难以达成的再分配目标（减少贫困和代际不平等）。

第五，制度安排的细节通常是至关重要的。（或者就像是英语格言说的那样："细节决定成败。"）我们在前面讨论知识产权的时候已经指出了这点。美国知识产权机制的很多问题就在于细节，例如知识产权如何得到实施、专利授予的范围、如何授予专利。讨论时只简单地说一句"一个国家应该建立牢固的知识产权体制"是远远不够的。

第六，就是因为细节如此重要，所以，即便是一些善意的政策也经常产生意想不到的结果。通常在解决一个问题的过程中，又出现了一些事先没有想到的新问题。

在接下来的段落里，我将从刚才所讨论的一般性原则出发，对中国"十一五"计划实施过程中的几个问题作简要评论。有助于实施中国经济发展新模式的制度设计和政策设计，是这一尝试获得成功的核心所在，时间有限，我只涉及几个具体方面。

（一）财产权

中国一直在讨论建立一个支持财产权的法律框架。有人认为现在需要的是"强有力的财产权"，强有力的财产权是市场经济成功的基础。实际上，有些人在这一点上走得很远，认为各级政府需要做的就是实施强有力的财产权。

不过，这种构想并没有很好地捕捉到发达工业国家的财产权制度的要点。

财产权总是受到限制的。比如，知识产权的所有者仍然不能以"滥用"的方式（如反竞争的方式）使用知识产权，就像美国、欧洲和其他国家的法院不断警告微软的那样。在美国，如果濒临灭绝的鸟类在一棵树上筑了巢，树的主人是不能把这棵树砍倒的。在整个英国，存在着道路通行权，这使得步行者得以欣赏乡村的美丽景色。

财产权总是伴随着责任。比如，如果一个人拥有一大片土地，他就有责任保证不把这片土地用作有毒废料的倾倒场所；如果这块土地被如此使用，并导致地下水受到污染，那么，即使不是土地所有者自己污染了地下水，他也仍然有责任把污染物清理干净。

权利与责任的平衡以及社会加在这些权利和责任之上的各种限制的性质是为财产权所进行的制度安排设计的核心。这是件复杂的事情，仅仅宣称我们必须要保证牢固的财产权，这样简单化的讨论无论是对于我们加深了解当务之急，还是对于我们获悉如何解决当务之急，都不会有多大助益。

（二）平衡

许多人强调财产权，却忽视了责任的重要性，在议程设置中，这类似于另一种不平衡。有时，人们对其他权利关注得太少，比如工人的权利或消费者的权利。实际上，从某些角度来说，这些权利是更加基本的权利，因为财产权只是工具性的权利。也就是说，财产权只是因为它们带来的结果（比如，财产权带来了经济上的效益，从而间接地提高了社会福祉）才变得重要的；而其他权利直接影响着公民的福祉。

讨论工人的权利或消费者的权利，强调的是权利和责任的联系，以及在界定个人（或企业）之间以及个人（或企业）与政府之间关系时权利与责任的性质。这样，企业就在产品安全与质量方面对消费者负有责任。工人的权利有助于界定企业对工人的责任。

这就是为什么任何强调"和谐"的制度议程都必须对财产权和工人或消费者的权利进行平衡的讨论，对责任和权利进行平衡的讨论。

（三）意想不到的结果

加强财产权的动机之一来自地方政府，它们出于开发的目的从农民手中征集走土地，而不给予"公平的"补偿。显而易见，这是一个亟待解决的问题。但是设计不佳的财产权法律允许个体以土地为抵押来进行借贷，然后，如果他无法偿还借贷，那么就失去了对土地的所有权。其结果是产生了大量无地工人。这不仅会产生巨大的社会后果，而且甚至还会对经济效益产生负面影响。

（四）税收政策

在发展的早期阶段，中国认为自己需要吸引外商投资，当时的担心是：国内缺乏企业家、资本和技术。但是现在，所有这些都已经发生了变化，普遍给予外商相对于国内企业的纳税优惠待遇不再有多大意义了。实际上，存在一些相反的观点：国内企业扩张的溢出效应可能更大，所以一些优惠待遇应该给予国内企业。此外，很多外国企业面临的纳税制度是：对外国企业所缴纳的税款给予税收减免，这样，提高外国企业的纳税税率对激励机制不会产生多大影响，而只是形成一种税收从外国政府到中国政府转移的再分配。

但是，实行同一税率也还不够。真正重要的是细节——比如涉及折旧与其他成本的规定。许多西方公司擅长避税，比如，尽管法律规定的税率为25%、30%或更高，但是它们却不缴纳任何税款。

在市场经济中，税收政策在资源分配中起着重要作用。前面我们所讨论的新模式的三个目标包括：（a）保护环境，减少资源的消耗；（b）从出口拉动型增长转变为以国内消费和投资为基础的增长；（c）解决越来越严重的不平等问题。以增值税为基础的消费不注重环境，它是后退性的消费（按照通常的定义，它之所以是后退性的是因为收入较低的个体把收入的较大部分用于消费），其实是不鼓励消费。这样，对于鼓励储蓄的其他经济体来说，征税可能是意义重大的,但是对中国而言作用很小。正如我在前面提到的那样,在中国起作用的是征收碳排放税,以及设计鼓励循环利用的税收结构。考虑到对于房地产过度投资的担忧,考虑到设计有效处理这一问题的管理措施存在的各种困难,对房地产(以及其他投机活动)征收高额资本所得税也是有意义的。

根据这一新的经济模式,存在一些有利于中国结构调整的税收改革的其他可能。在拥堵的市区,私家车导致了巨大的成本,相应地它们也应该承担高税额。目前的税收结构可能不利于服务业。把营业税变成增值税,既可以提高效率,同时也可以鼓励服务业的发展。

最后,中国需要更多的公共收入,以便为它的社会、环境、发展方面的计划提供资金。很显然,中国可以大幅提高税收在 GDP 中的比重,同时又要避免对经济增长产生负面影响。(斯堪的纳维亚国家的经验表明:即使是高税率也可以与快速的经济增长以及高水平的创新并行不悖。高税率有助于解释,从更广泛的社会福祉的角度来说,为什么这些国家比其他国家表现得更好。)实际上,提高污染税会带来政府收入、改善环境、促进经济的长期增长。

同样,前面我们已经指出,中国不再需要增加其外汇储备。但是其汇率的上升会产生一些负面效应,包括农民收入的减少。为了抵消美国和欧洲的巨额农业补贴的影响,中国政府需要挪用实现其他社会与发展目标所需要的资源。相反,出口税(或至少取消增值税的出口退税)可以减少贸易逆差,带来更多的收入。

(五) 金融市场

因为金融市场在资源分配中的重要性,所以它们在任何市场经济中都起着关键作用。金融市场的作用不只是充当储蓄者和投资者之间的中介。它们收集和处理信息,决定给谁放贷以及哪些投资更有可能产生高的风险调整回报 (risk adjusted return),执行信贷合同。但是,我的研究带来的冲击表明,信息不完善的时候,市场失灵具有传染性;同时政府在金融市场中起着重要作用。今天，没有什么人会质疑对银行和证券市场实行政府监管的必要性，唯一的争议是关于监管的形式与范围。

政府监管既是人们希望的，也是必要的，原因有很多。了解这些动机有助于制定政策。第一，刚才已经提到，在信息不完善的市场，市场失灵具有传染性——信息不完善对金融市场是致命的。第二，存在着大量的外部效应，这些效应在东亚危机中特别明显。不良的放款和借贷行为通常被认为导致了危机，但危机波及了受影响国家的每一个人，而不仅仅是出借方和借款方。

需要将政府监管引向四个目标：（a）保证金融体系的安全、健康、稳定，要认识到，资本主义自其产生之日起就特有的经济波动与金融体系的弱点或金融体系的其他失灵有关；（b）保护消费者（借贷方与投资方），使他们不受滥用权力的行为的影响——在一个信息十分匮乏、投资者缺乏经验的环境当中，这点特别重要；（c）保证竞争，要认识到，即便存在很多金融机构，金融市场也可能只存在有限竞争，比如在向特定区域的中小企业提供贷款方面；（d）保证获得信贷的渠道，特别是那些资金匮乏的行业和群体获得信贷的渠道。

为了实现这些目标，政府需要实施一系列综合举措，包括以市场为基础的干预措施和行政措施。比如，为了保证银行不过度参与风险借贷，风险资本充足率要求和存款保险费可以用来作为市场措施的一部分。

（六）获得信贷

市场自身经常不能向某些类型的潜在借款人提供信贷（或者至少不能以合理的条款提供充足的信贷）。这也是为什么在美国这种高度发达的金融市场里，政府为了增加抵押贷款、学生贷款、中小型企业的信贷、资金匮乏社区的信贷、农村信贷，而对金融市场进行干预的原因之一。在中国目前的发展阶段，支持实施这些干预的理由就更有说服力了。中国要想成功地实现减少巨大收入差距的目标，增加上述领域的信贷流通就特别重要；这是那种既可以提高经济增长又可以促进平等的政府行为的一个例子，它甚至有助于中国的经济结构调整，以摆脱对出口的过度依赖。

在美国（和许多其他国家），干预是以不同形式进行的，中国可能从综合使用各种干预手段中受益：成立专业银行和信贷机构，制定面向资金匮乏的社区和行业的贷款规定，或者提供部分保证或有限补贴。

也许中国应该做的最重要的事情是鼓励中小型地方银行进入市场。正如我在别的地方提出的那样，提供信贷的关键是信息；相对而言，地方银行对当地（中小型）企业的情况更加了解。（当然，中国同时需要形成对中小型银行进行监管的能力。）

（七）资本的风险和回报与金融市场自由化

第二是要认识到，（资本或金融市场）自由化本身可能不会更快地增长，反而会引起更大的经济不稳定。国际货币基金组织早在2003年的研究中就认识到，在很多发展中国家，资本市场自由化带来的是风险，而不是回报。它的研究结果令人惊讶——与经济学"理论"相反，当然，它仅仅与那种建立在完整信息和常住人口假设之上的经济理论相反。更加现实的模式建立在信息不完整的基础上，它们与经验发现的结果完全一致。这一研究结果的意义不言而喻：中国在对其金融和资本市场实行自由化时必须极度谨慎。遗憾的是，我现在没有充足的时间更加详细地论述所需要采取的适当政策；但是自由化的复杂性和风险都强有力地支持循序渐进的政策。因为投资者、监管者、金融企业都有一个学习过程，这点尤其重要。

（八）目标之间的权衡

第三是要认识到，可能需要在各种目标之间进行重要的权衡。比如，要求银行仅持有短期政府债券，人们就可以保证银行系统的安全与健康；但是如果真的这么做了，银行就不能履行它们的主要职能之一——提供贷款。

（九）适应转变中的中国市场经济体制

第四是要认识到，中国经济和金融市场快速发展的性质要求采取与之相适应的监管政策。例如，作为加入WTO协议的一部分，中国将允许外国金融企业进入其金融市场。以前，中国的金融系统还承担着许多社会职能，其中一些社会职能不太可能通过金融系统来完成——更大的透明度（比如使隐性补贴获得更大的透明度）可能会带来附带的好处。在其他情形下，实现这些目标的途径也会发生变化，比如，为了让中小企业获得充足的信贷，就必须制定刚才所讨论的、像《社区再投资法》中的规定那样的规章制度。

中国逐步发展的市场经济的一个重要方面是其新经济模式，该模式更加重视国内消费。正如刚才我们提到的，出口拉动型经济增长在中国的早期发展中之所以起了如此关键的作用，原因之一就在于这种增长模式允许本国生产能力的扩张速度比总需求的扩张速度更快——它有能力保证投资支出得到合理利用，也有能力保证得到信贷的消费者能够或者愿意偿还贷款。今天，得到加强的金融机构有更大的能力向消费者提供贷款（包括抵押贷款）。但是，中国应该从其他国家吸取经验教训：有时候金融机构对不知情的消费者进行掠夺，以极高的利率向他们收费。此外，金融机构的贷款经常超出了个人的还款能力，这会给部分消费者带来压力。

中国需要强有力的消费者保护法，然后严格执行，同时，中国应当出台有利于债务人的破产法，让出借方有更大的动力采取应有的积极行动，以保证借款人有能力还款。

社会保障

现在，人们普遍认为，中国储蓄率如此之高的原因之一是没有充足的社会保障，政府在教育、医疗和退休计划方面的公共投入不够。加强对这些计划的公共支持将有助于实现该新经济模式的两个关键方面的目标：帮助中国从出口拉动型的增长模式中抽身出来，同时减少公民之间的福利差距。

不过，设计出一个良好的社会保障体系并非易事，特别是在一个高度竞争的全球化经济体中。正如我刚才所提到的那样，斯堪的纳维亚国家的经验表明，建立一个强有力的社会保障体系（包括一个稳固的公共教育体系）实际上可以为本国带来竞争优势。在全球市场进行竞争需要有一支能够适应快速发展步伐的、健康的和受过良好教育的劳动力大军。冒风险是成功的关键，一个强有力的社会安全网络——再加上高水平的就业——可以增强个人承担风险的能力和意愿。

关于国际贸易的优点——市场扩张后带来的收益，有很多讨论。但是建立一个强大的国民经济所产生的经济收益还要大得多。一个强大的国民经济需要劳动力的自由流动，而劳动力的自由流动又需要有一个全国性的社会保障体系。

此外，过去企业（中国的和外国的）从事的是两项互不关联的活动——生产与提供社会服务。在全球市场中进行竞争要求把这些职能分开，也就是说，政府的作用必须加大。（正如我们前面所提到的那样，为什么基本社会保障的提供不能只留给市场去做，这里面有合理的经济和社会方面的原因。）

幸好，中国的快速增长意味着中国应该拥有资源用于着手建立一个强有力的全国性社会保障体系。

宜居城市

中国正在快速进行城市化。越来越多的中国人将生活在城市里，这些城市的规划将会对生活质量、整体经济效益以及中国经济增长的环境效应产生巨大影响。市场力量本身不会带来宜居城市的建设，它们建立在如下动机的基础上，即对某些政府官员和私营企业家来说，城市扩张和城市空间的规划要符合宜居城市的建设所依据的原则。尤其重要的是，在各级政府对土地利用方式的长期后果有了清醒认识的情况下就要采取措施：今天做的决定将对今后的几十年产生影响。

中国已经从计划模式转向了市场体制。但是在从计划经济向市场经济转变的过程中，人们可能会对市场的局限性估计不足。在土地使用方面尤其如此。在大多数西方国家,城市规划很关键,除了实施强有力的良好治理的政策,别无他途。

信息系统

运行良好的经济需要完善的信息,但是却存在系统性的市场失灵。个人经常有不去泄露相关信息的动机,或者更糟糕的是,提供歪曲信息的动机。我从事理论工作的很大一部分精力投入到了了解信息的不完善给现代经济的运行所带来的各种问题上。

我最近的一些研究一直在关注各组织机构和公共部门内部出现的信息问题。各级政府要作出正确决定,也需要完善的信息。无论是对公民还是对他们需要报告的上级,政府官员都有不披露事情进展情况的动机。当然,有必要建立强大的法律来避免利益冲突(就像私营部门也需要这样的法律一样)。与成功的私营部门的管理者认识到需要有各种各样的信息渠道一样,公共部门也是如此。

一个生机勃勃、负责任的媒体就可以是这样的渠道之一。为了让这个渠道有效,它必须有机会获得相关信息,也正因为如此,知情权法(信息自由法)才变得如此重要。(当然了,这些媒体也必须负责任,因此制定出合适的诽谤法很重要。可惜的是,这样的法律经常被人们滥用,在一些国家已经损害了由积极的、有活力的媒体所带来的利益。)

结束语

我在本文已经提出,中国的情况已经发生了变化,因此需要一个不同的发展模式。同时,因为中国的情况与其他国家的不一样,因此中国采取的模式也不可避免地要与其他国家不同。

30年前,中国制定了新的发展道路,包括"摸着石头过河"的实用主义政策。作为这一发展路径基础的实用主义是中国取得巨大成功的部分原因。

既然中国已经过了一半的河,那么就更清楚河对面的情况了。同样更加清楚的是，存在许多不同形式的市场经济——在河的对面有许多不同的地方可以登岸。中国现在可以了解的是，它所选择的方向将产生巨大的影响。它选择何种市场经济将决定它会建立何种社会。

即便中国摸着石头过河，但是建立一个与中国的特有国情和目标相一致的市场经济也需要一种新的经济模式。中国的"十一五"计划是这一新经济模式的反映。在本文中，我力求勾画出这一新经济模式下的一些经济基础，并就它们对政策与制度设计所具有的意义提出一些建议。

中国特色体制:能否成为其他国家的学习模式[*]

巴里·诺顿[**] 著   陈振东 黄燕欢 译

[内容提要] "北京共识"的概念并不能准确地描述在中国发生的事情。本文提出了中国经济发展的六项显著特征,并认为虽然每一项特征都可以给我们提供重要的经验,但却无法被其他发展中国家加以简单效仿。中国的发展最显著的特征在于政府与市场的紧密相连。然而,中国体制的独有特征以及政府与企业构建关系的方式却无法被其他国家轻易复制。

[关键词] 北京共识 华盛顿共识 中国特色 产业体系

"北京共识"是一个矛盾的术语,却也因此极具吸引力。这一术语成功地表明,传统观念正在被砸碎,而在下一个转角处,一套全新的、实用的指导方针即将成形。这一动态发展挑起了我们的兴趣,同时也转移了我们对术语本身的确切含义的注意力。"共识"意指为普遍的认识,而"北京"可能代表了世界上最与众不同的政治—经济体制。只有当"北京"不同寻常的发展经验被证明阐明了一些具有广泛意义的原理(这些原理在全世界形成了有效

---

[*] 本文原载于美刊《当代中国》(Journal of Contemporary China) 2010 年第 19 卷第 65 期。译文原载《国外理论动态》2013 年第 6 期。

[**] 巴里·诺顿(Barry Naughton),美国加州大学圣迭戈分校国际关系与太平洋研究学院经济学教授、中国国际事务研究中心主任。

的发展政策）时，才存在所谓的"北京共识"。在目前的流行用法中，"北京共识"表明一种基于特例而产生的普遍认识正在形成。这当然是可能的，但为了支持这一看似矛盾的事实（与之相反的是简单的逻辑矛盾），"北京共识"的拥护者需要证明如下几点：（1）为什么中国决策者制定的独特道路是中国显著的快速增长的关键；（2）为什么这些独特的道路也适合其他截然不同的环境。迄今为止，还没有任何人在证明以上任意一个命题方面有所进展。

当约翰·威廉姆森（John Williamson）于1988年提出"华盛顿共识"一词时，他意在描述一个意想不到的情形，即给予政策意见的经济学家们达成了罕见的一致意见，尤其是那些就职于华盛顿地区的大型多边金融机构的经济学家们。他最初并不那么强调共识的力量，他的重点在于共识已然存在这一事实。威廉姆森能够真正发现并列出他后来称其为华盛顿政策建议的"最小公分母"（即最低限度的共识）的内容，这一点是十分罕见的，因为毫无疑问，政策建议者的通常状态是存在意见分歧与争辩。威廉姆森最初提出的"共识"指的是"在华盛顿的"政策建议者的共识，而非"关于华盛顿的"共识。这一表述是具有意义的，因为华盛顿地区集聚了如此多的权力与影响力，而该术语一经问世就激起了争辩与反响，原因在于它一方面承认了华盛顿的权力集中，另一方面又表明了传统力量的统治地位与思想的闭塞。相比之下，"在北京的"政策建议者的共识这一说法则没有意义，因为北京的经济学家们在诸多基本问题上并未达成一致。即使你可以列举出一系列北京的经济学家们都同意的主张，这也只能是北京的"一项共识"（a Beijing Consensus），而非"北京共识"（the Beijing Consensus）。此外，也没有重大机构在全球舞台上推广过北京经济学家们的观点。

而人们开始认识到中国经济的成功并没有遵循华盛顿共识，这一认识进一步削弱了以华盛顿共识为导向的经济政策方案，如今华盛顿共识更是在美国与全球金融危机爆发后走向瓦解。这一命运的逆转让北京的决策者们对自己的发展道路更有信心，也更愿意追随与维护他们根据自身的发展观和利益而制定的政策，但这些转变很难构成一种"北京共识"。毫无疑问，权力与影响力正在发生变化。"华盛顿正在走向衰退，华盛顿共识正在崩溃，而北京正在兴起……",而用"正在兴起的北京共识"这一概念来填补省略号中的圆点是充满诱惑的。然而,如果一种共识迅速就被另一种共识所替代,或一种传统迅速就被另一种传统所替代,这确实是奇怪的。而如此多的人被这一明显存在不足的理论推断所吸引这一事实表明,"北京共识"这一概念所具有的力量来自它在由相互交织的概念所构成的整体体系中占据的关键地位:作为"华盛度共识"的对立面,该术语简单明了地表达了如下含义:"华盛顿共识"的崩溃、中国经济增长的成功经验以及中国在当今世界日益重要的作用。如此一来,它就使自身拥有了各不相同并且前后不必然一致的含义。

事实上,在我们试图从中国发展实践的特殊性转向探讨可能具有普遍推广意义的中国发展模式之前,我们必须得面对中国基本的初始条件所具备的独特性。任何人都能列出一长串中国的独特特征,但以下三个独特的初始条件是至关重要的。

(1) 中国的国土规模意味着它将拥有(或已存在)一个巨大的潜在内部市场,这促进了竞争并吸引着国外的兴趣与投资。在众多处于发展进程中的经济体中,只有美国(19世纪)和印度(21世纪)拥有过相似的初始规模优势。

(2) 中国经济体拥有丰富的劳动力资源,它过去曾经遵循一种资本密集型的社会主义发展战略。在此期间,中国一直投资于人力资源,其相对健康和训练有素的劳动力提升了中国在劳动密集型生产活动中的比较优势,但那时中国从这种比较优势获益方面受到了持续的限制。当中国最终转向劳动密集型发展战略时,其结果是爆炸性的。

(3) 中国作为转型经济体保留并重建了层级制的政治体系,并积极地将这一政治体系运用到新的市场经济环境中去。

以上每一个特征都有可能非常重要与独特,以至于我们无法轻易地将中国的发展经验普遍化;总而言之,它们保证了中国的独特性。简单地说,没有其他哪个国家的规模如此庞大,并拥有如此独特的比较优势,又或者实行着一种与中国大致相似的政治体系。我们必须提出以下问题:讨论"北京共识"的评论员们是否意识到了中国国情的这些基本特征?

事实上，关于"北京共识"或"中国模式"的大多数讨论恰恰忽略了这些基本特征，有时似乎还未认识到这些特征。结果，许多关于"北京共识"的讨论没有多少内容，甚至完全空洞无物。某个学派曾经断言中国模式的本质在于其灵活性与实用主义。这种研究进路的拥护者喜欢引用林毅夫这样的学者作出的如下评论："我认为中国并没有遵循某种特定的模式，我们每时每刻都需要改变政策"；邓小平也曾作出大量评论，提到适用性与灵活性是成功的关键，他总是被认为提出了"摸着石头过河"这一说法。所以中国模式可能仅仅意味着"保持灵活性"，这是一个极好的建议。看看另一相似的引述："我们没有像法国或德国一样的官僚体制，我们只是机会主义的未来抓手（future-grabber）。"这一引人共鸣的话语实际上出自一位爱尔兰公务员之口，谈论的是他们国家成功的经济发展经验。同样，那些将"北京共识"的关键特点视为政府的政治控制与市场经济的结合的研究进路也是极度空洞无物的。这些观点通常被指责为不公正，但却有惊人数量的评论员们认为这些观点是正确的。他们认为中国政府坚决果断而又反应敏捷，能迅速清除通往未来目标之路上的障碍。中国愿意对地方产权进行大刀阔斧的改革，这一点通常被用来与印度更加缓慢而错综复杂的体制形成鲜明对比。中国政府"在实施改革以刺激经济发展方面行动迅速"。被引用最多的相关著述当属2004年乔舒亚·库珀·雷默（Joshua Cooper Ramo）的文章，它就像是拼凑而成的画布中那一抹野兽派风格的亮眼色彩，这仅仅是因为艺术家放弃了对逼真的追求。雷默似乎支持中国政府不断变化的议程设置，但很难确定哪些具体的行动是他赞成的，如果存在这样的行动的话。目前为止的评论几乎从未有说服力地探讨过中国的政治体制在实践中能够做到什么与不能做到什么。

下面这一点是很特别的：从那些倡导"北京共识"的人身上得出的重要教训就是要避免教条主义；避免使用那些忽略了地方差异的抽象的政策原则；然后就是要采取果断行动，尽可能地获取地方的所有情况。如果这是正确的，那么人们会期望看到在这一"共识"精神指导下的研究工作重视的是细致的实证研究，它关注的是中国经验的独特性，但是这恰恰是现有的研究著述缺少的。这就是"北京共识"带着全新力量重返人们视野时存在的原始悖论：

那些"北京共识"最急切的倡导者却是最不耐心去研究细节的人，但是"北京共识"的真实性（如果它是真实的）就是依赖于这些细节。

下面，我打算来弥补相关研究文献中这一相对较大的空白。我将清楚地描述中国的产业体系所具有的某些具体的制度特征。当然，这些不是"细节"，而是整个产业组织体系的基本特征；但是它们属于独立的政策与制度特征，关于我们稍后将建构起来的中国发展模式的完整描述就是来自这些基本组成部分（即各种政策与制度特征），它并不是对中国发展模式本身的描述。其中的大多数机构，甚至国有企业都受到追求利润最大化的动机的驱使。此外，由于下文的讨论常常突出国有制的作用，所以一开始就强调指出整个产业体系是牢牢建立在市场经济制度基础上的这一点很重要，当然这也是中国经济成功的关键。之后我将提出六大"猜想"。事实上它们最初是论断，之后才成为猜想。首先，我坚信这些特色是如此突出，并与中国发展政策的其他方面交织在一起，因而必然是中国发展模式的一部分。也就是说，脱离了这些特色，我们想要成功地对那些创造了中国经济奇迹的一整套政策作出定义是不可能的。其次，我设想在向国情不同的其他发展中国家提供建议时，这些政策可以成为合理的备选方案。我对这一设想进行了讨论，发现总体来说，中国与其他国家在初始条件上的差异，尤其是上文提到的三个基本条件方面的差异，限制了中国这些政策与体制的适用性。当然，我们仍然可以从中国的特点中吸取经验，但我们应该警惕一种思想，即中国发展模式可被直接运用于他国，或者说确实存在某种"北京共识"。

中国的产业体系：六大猜想

经过几十年不断的改革，中国的产业体系在 21 世纪头十年已经形成一个相对稳定的格局。2003 年成立的国有资产监督管理委员会是一个里程碑，这便于我们将其视为现有体系开端的时间点。当然，国资委的成立并不标志着与以往政策的决裂，但它确实提供了这一领域一直以来缺少的一个正式机构，形成了一个官方的利益组织。这一组织会对政策进行详细阐述，并会提出一种或多或少具有某种内在一致性的远景规划。现有体系的关键特点在于其设计规划将产业体系划分为三个不同的部门，这三个部门彼此之间协作无间又互不影响。迪特尔·恩斯特（Dieter Ernst）与本人称之为"三层体系"，其中包括大型中央直属企业、中外合资合作企业以及小型资本主义企业。葛艺豪（Arthur Kroeber）所作的区分略有不同，他更为传统地将其区分为国有企业、私有企业与外商投资企业。但他同时强调了所有权与产业专业化之间的联系。中国的改革进程已经在一个国家所有权在其中发挥重要作用的体系中稳步展开。

中国发展模式——无论其准确内容是什么——一直是一种旨在促进中国迅速实现工业化的最重要的战略。过去30年来，中国掀起了一波又一波产业改革的浪潮，努力建立一种可行的管理体制。鉴于中国的产业体系当前的平稳状态（因为它仍然是全球增长最快的经济体），考察一下这对于其他发展中国家意味着什么这一点是有价值的。此外，就像我将要证明的，中国产业体系的各种特征是内在紧密相关的，因此将它们作为一个整体来考察是合理的。在下文中，我将提出六大"猜想"。这些猜想提出的观点可能在经过争辩、讨论、修改与检验后发展成熟，最终成为对中国发展的经验总结。

猜想一：公有制是能够实现较高效率的，而"混合经济"仍然是一种合适的产业组织模式。

私有化是"华盛顿共识"的基本原则之一，其拥护者并没有对其私有化建议的适用范围作出多大的限制。他们敦促发展中国家利用新的监管手段去进行私有化，甚至要将那些具有自然垄断特征的产业实行私有化，用监管来代替直接的国家所有。而中国并没有遵循这一建议。当然，事实上中国的产业还是被大量私有化了。乡镇企业一开始是公有制的，而如今基本被完全私有化了。在城市，具有竞争力的产业部门早已是私有企业占据主导地位（这些部门不存在明显的进入壁垒和自然垄断，或者与国家安全无关，从而能够完全依靠市场竞争机制）。然而，国有制继续存在，并且实际上在所有那些无论因为何种原因而没有完全放开竞争的产业部门巩固了其地位，这些部门包括：公共事业（电力、供水）、交通、电信、石油和天然气、军工产业。此外，国有制甚至没有从放开竞争的产业部门完全退出。一系列技术先进的企业仍然由中央政府掌控着，以发挥技术先导者和"国家支柱"的作用。地方政府也拥有和运营着这样的企业：我们应称其为"地方支柱"。最后一点，中央政府保留了对特种建筑企业的所有权（这些企业原属于现已解散的各部委），之后则雄心勃勃地对这些企业进行了整合。换句话说，中国的产业体系在一种"混合经济"模式中稳定下来，在这一模式中，具有竞争性的部门主要由私人企业主导，但国有制在非竞争性的部门发挥着主导作用，在其他部门则发挥着辅助作用。该体系似乎相当有效率。也许"混合经济"仍然是一种合适的产业组织模式。

为什么说是"仍然"？因为在过去的30年里，中国去除国有制的举动有着广泛的基础，并且是持续进行的，因而我们不能轻易地指责多边金融机构的政策建议是错误的，或是指责它们将新自由主义学说强加给国情不同的国家。事实上，有着强大的证据证明私有化会带来效率的提升。再者，提倡在竞争性部门实行私有化的人都另外持有一种强有力的论点，这可以用一个简单的问题来表达：在私有制能够发挥完美作用的竞争性市场中，为什么要存在公有制？看起来，公有制只会降低效率并将稀缺的公共部门管理人才从其他紧迫性问题上分散出来。

此外，现有的中国产业模式看上去非常像20世纪50年代到70年代期间一连串发展中国家实行的"发展型社会主义"，这些国家主要包括埃及与印度。在那种模式中，国家控制经济的"制高点"，其余的则留给本土的企业家。这样，政府就可以达成某些定义模糊的社会目标，同时也保障了国家安全和避免了经济受到外国的操控。但"发展型社会主义"因其造成的灾难性失败而遭到普遍抵制。更能说明问题的是，大多数在过去实行"发展型社会主义"的国家已抛弃了这种战略，这其中包括这一战略过去杰出的实践者：埃及与印度；而那些国家在抛弃这一战略后实现了经济的加速增长。

从中国发展经验中得出的一个猜想是：公有制本身并不会使经济走向衰弱。进一步的猜想可能是：发展型社会主义的关键特征是其封闭的经济模式（进口替代战略），这一特征被指责导致了发展型社会主义的失败，与其结合在一起的是针对名义上私有的、由市场主导的部门实施的广泛的行政管控。印度的"许可证制度"就是最重要的例子。

而中国的发展经验表明，当政府试图处理市场失灵的问题时，公有制导致的一些代价是可以接受的。政府可以合法地遏止垄断势力，培养科技创造力并保护国家安全。经济学家们认为监管是最佳选择，因为它能将私有制的高效与有选择的政府干预结合起来，以达成共同的目标。这是正确的，但它忽略了一个事实，即所有现存的监管机构本身都是次优选择，很少有发展中国家的政府真正有能力来创立和运转高效的监管机构。国有制无疑是排在第二位或第三位的选择，但它可能是现实世界中一种可接受的结果。事实上，随着全球金融危机的爆发，许多国家发现了国有制在其经济发展中的支撑作用，例如一些被救助的企业被政府接管。政府在不知不觉中通过实施公有制实现了维持宏观经济稳定的目标。中国"发展模式"意味着一些国家可能被建议接受这一新事实，并将一些行政资源投入到国有企业的运营中。不同的原因与目标导致了公有制的存在，而发展中国家不需要总是认为私有化是首要目标。也许混合经济仍然是一种合适的产业组织模式。虽然支持公有制的一般性论据依旧薄弱，但是考虑到中国的发展经验，反对公有制的论据则更加薄弱。然而，我们能以多大的信心将这一发展方向推荐给其他发展中国家还依赖于下一个猜想。

猜想二：竞争（仍然）比所有制更重要。

为什么说"仍然"呢？竞争比私有化更重要这一猜想是在早期的转型经济体的特定条件下提出的。人们争论说，将私有化作为一种优先考虑，既会带来高昂成本，又具有误导性，因为关注竞争力的形成要重要得多，它是改变行为与提升效率的驱动力。在中央计划经济条件下，市场需求被忽视。于是，在数以百计的不同的市场中，新加入者只要其产品的种类和花样与顾客的需求相匹配便能获得回报。中国乡镇企业的发展经验证明了这一点。然而，这只是"早期的"经验，并不一定适用于"未来阶段"的经济状况。

事实上，猜想二在新的大环境下看起来很有力。前一个猜想谈及的是国有制，但很重要的一点是这是市场竞争环境中的国有制。中国的决策者们在所有以国有制为主导的部门都引入了竞争机制。在中央政府垄断的部门，至少存在两家相互竞争的企业。当然，这与自由公平的竞争还相去甚远，只能被叫作"有限制的和受到管控的"竞争。不过，它足以打破国企管理者们过安逸日子的想法，迫使他们提高其业绩。很难想象没有了竞争的激励，中国国有企业该如何生存。

重申一点，中国模式可与"华盛顿共识"的模式形成对比。对于"华盛顿共识"的一揽子政策而言，对竞争进行管控是要受到强烈谴责的。从"华盛顿共识"的角度看，私有化以及管制的重要优势之一恰恰是政府不会将其对市场结构的先入之见强加给本国产业。彻底改变商业模式与产业结构是极有可能大幅提升效率的，但这只有在政府停止直接管控市场后才会发生。这是一个有力的观点，但是建立一个能够达成公共目标并与市场维持轻度接触的强势监管机构是困难的，这就削弱了上述观点。中国确实存在市场监管机构，例如国家电力监管委员会与中国民用航空局，但这些监管机构仍然受到那些直接运营大型企业的强大利益集团（之前是官僚利益集团）的影响。

竞争肯定是中国成功的关键驱动力之一。它与市场规模息息相关。中国的区域性市场总体来说对来自各地的产品开放竞争。长期以来，中国研究的分析家们认为中国国内市场竞争的规模十分重要。最重要的当属钱颖一对"M型的层级制"（M-shaped hierarchy）与"市场维护型联邦制"（market-preserving fiscal federalism）的经典分析。若我们在众分析家的观点中寻找最低限度的共同点，就会发现他们都回归到了一个简单的事实，即中国已成功地培育了一个竞争激烈的国内市场。虽然中国领导人在意识形态上并非一定要促进竞争，但他们对市场中的垄断现象极为敏感。于是，众多中国领导人都在实践中避免过于强大的市场势力的形成。

更广泛的一个问题是中国的规模是否也为某种程度上的政治竞争创造了条件？与规模更小的经济体不同，中国的政治体系被迫要认可多个利益集团与权力争夺者的存在。中国领导者表现得看似掌握的权力并不强大，并且依赖于出色的经济表现。这与下面这种政治体系的对比十分明显，该种政治体系可以为了单一的、范围狭小的小集团的利益而团结起来，菲律宾前总统马科斯就是这一体系中的例子。毫无效用的政策与极端的腐败通常会导致对领导者个人的严重挑战。中国实行错误政策或产生腐败的可能性并不比其他国家低，但其程度也许会因为政治竞争带来的挑战而有所限制。

猜想三：公有制可用来开拓市场力量和产生用于投资与生产公共产品的收益。

该猜想与之前的论点存在着紧张关系。虽然某些竞争避免了垄断势力的剥削，但竞争的局限性却保证了大型垄断集团的利益。总体来说，我们认为市场中竞争者的数量与盈利水平之间存在着联系：市场主体越少，利润越大。单一的市场参与者（纯垄断性市场）可以产生最大的利润；只有两三个参与者的寡头市场产生的利润仅次于前者；如此等等，直到市场有"众多"参与者时，所有的超额利润会随着竞争而消失。这一理论上的概括依赖于对竞争者的行为作出假设的反应函数（reaction function）。如果市场参与者们选择打一场持久战，则这一理论概括不再成立。

中国的经验证实了寡头市场能获得更多的利润。由于中国市场的结构已经趋于稳定以及中国的经济繁荣发展，大型国有企业的盈利能力也随之急剧增加。当企业管理者变得"过于竞争化"——通过激烈的竞争与价格战，威胁到了行业的盈利能力时，政府人事机构的官员就会进行干预，在相互竞争的企业之间对管理者进行重新洗牌。这为企业管理者提供了一个全新的视角，抑制了他们对于肆意竞争的狂热，并提醒着他们政府才是所有竞争性垄断企业的终极控制者。如此一来，中国的决策者能够通过引入竞争机制来重建市场，并使整体的盈利能力维持在较高水平。

当然，自跨过1995—1997年的低谷以来，中国国有企业的盈利能力一直在急剧地持续增长。数据显示，直到2007年，国有企业的盈利能力猛增。所有国有企业的利润（包括中央企业与地方企业）从2003年至2007年大幅增长，其GDP占比从2.8%一跃成为4.2%。在同一时期，中央国资委下属企业的利润（包括国有通信、运输与服务企业，但不包括地方国有工业企业）涨速更快，GDP占比从2.2%增至4.0%。这与20世纪90年代中后期遭遇金融危机的国有部门的状况大相径庭。

可以肯定的是，中国国有企业盈利能力的转变源于多种因素，并非只是因为政府的市场调控。在20世纪90年代后期，中国关闭了数以千计的亏损企业，通过大幅度降低损失来提升整体盈利水平。2002年之后，全球自然资源价格的上涨以及加入世贸组织后的出口激增造就了中国经济的周期性繁荣与国企利润的飙升。反过来，2008年其利润急剧下降的主要原因是全球金融危机的影响。2008年的衰退的严重性可能表明2007年的一部分激增的利润是不可持续的，属于全球经济周期性现象的一部分，而中国的国有企业充分暴露了这一点。中国政府有能力调控竞争，但却不能抵挡或反转整体的市场趋势。确实，这一市场调控能力是受到限制的：它建立在之前讨论的竞争性市场基础之上。否则，过度的政府操控会扼杀作为中国经济成功基础的市场运行。对中国来说，要发扬市场经济的优点就必须同时遵守市场规律。

尽管2008年的利润骤减，但很明显的是，这些受到部分保护的国有垄断企业已做好充分准备以抵御全球金融危机。在所有国家，政府会向资产负债表突然急剧恶化的企业提供援助。政府会优先援助那些与政府和政治家们关系紧密的企业，这一点不足为奇，在中国也是一样。在2009年初，中国国资委已经向国有航空公司与电力企业注入资金。国资委之所以能够迅速作出反应是因为其拥有一笔来源于下属企业的资金。在2009年，大量的资金从国有银行流向投资项目，并不成比例地流入大型国有企业。国有经济部门比私有的自由市场更早地趋于稳定。很明显，构建市场竞争的能力在面对经济危机时可能是潜在的优势，但也可能会使中国陷入陷阱，尤其是在政治家们被说服而更倾向于支持国有企业的时候。

恰恰因为构建竞争涉及竞争目标之间这种微妙的平衡，所以我们有理由怀疑其他国家没有能力去复制中国的经验。同样，发挥影响的是国家的规模。中国的巨大市场为两三个大型央企提供了发展空间，而只给外资企业或创新的国内混合所有制企业留下一小块市场。很少有其他国家拥有如此巨大的国内市场。如果缺少中国市场那样的巨大的竞争潜力，那么花在构建竞争上的努力很可能会沦为简单的包庇与保护。对于规模更小的经济体而言，对外开放的承诺可能更多停留于纸上，它们在区别对待各部门及其开放程度方面的能力弱于中国。此外，中国国有企业整体的盈利水平会带来什么影响？盈利十分重要，因为国有企业的利润，加上恢复正常水平的预算收入，使投资高涨，并刺激了中国经济近期的繁荣增长。这就引出了下一猜想。

猜想四：投资拉动型增长战略是必要的。因此，在需求没有到来之前率先进行对外投资是可接受的，其形成的产能会被逐渐利用。

1989年威廉姆森提出的"华盛顿共识"的内容清单就包括了政府应致力于基础设施投资与基础社会服务这一建议，所以认为"华盛顿共识"忽略了基础设施建设的观点是有失公平的。然而，在投资领域，中国的经济政策与国际货币基金组织或世界银行给中国提供的建议之间存在的分歧最大。国际金融机构的经济学家们反复警告中国政府说投资总量过大，投资低效的或不必要的项目会最终导致回报率过低。国有金融机构被认为助长了轻率而导致浪费的投资行为。但中国政府在实践中一直没有理会这些建议。在20世纪90年代中期，当这些争论产生时，中国已将大约32%—33%的GDP投资于新的固定资产。直到2004年，中国的投资占到了GDP的40%或更多。可以肯定的是，中国政府近期在致力于提升消费占GDP的比重，以及实行"更平衡的"增长模式。然而在实际操作中，中国政府非常不愿意采取那些可能严重减少投资在经济中的相对份额的措施。反而在一些具体决策中，中国政府一再表现出其对于高水平投资的偏爱。

中国政府鼓励投资最突出的手段之一就是让国有企业保留其税后利润这一简单方法。该政策在1994年全国财政改革的背景下悄然实施，强有力地激励着国有企业增加收益，并且很少有利润被用于其他用途。过多地将利润作为奖金或高管薪酬分发给员工会使国有企业陷入困境；再投资即便不是扩张企业的唯一选择，也是其最佳做法。这一政策明显与上节中谈论的构建竞争的政策是相互影响的。在1994年至2007年的14年中，由于国有企业恢复了盈利能力，中国的投资率猛升。随着内部留存资金有充分盈余，中国国有企业不断扩张，并向新的投资项目注入资金。

允许企业保留所有的税后利润这一政策在2007年底被作了细微修改。2008年，新修订的政策实施刚满一年，大多数国有企业被要求上缴5%的税后利润给国资委。在一些垄断行业，企业被要求上缴10%的税后利润。显然，这一政策可能会减缓企业投资的步伐（尽管企业的税率同时有所降低，这提振了企业盈利水平），但具有讽刺意味的是，全球金融危机到来后，国资委停止了向下属国有企业注资。这些注资就是上文中提到的援助。所以，这一减缓了国有企业内部留存资金增长的举措最终加剧了中国企业对投资的狂热。

然而可以明确的是，从2000年开始，中国不可思议的经济增长反过来证明了这一高投资政策的正确。项目一个接着一个，这起初看来是不必要的，是浪费，但现在却成为了中国经济腾飞的一部分。毫无疑问的是，这些行为是有些过火：即便按照中国的标准，2004年后投资率超过40%，也已经可能过高。在这样过度的高投资政策下，中国已陷入了严重的问题。然而，我们仍难以想象这一经济崩溃带来的灾难性后果——它将使持续5年的、高于10%的GDP增长收益烟消云散。即使对中国只有肤浅认识的人也能发现，中国在建设现代中等收入国家的过程中，基础设施建设的速度是引人注目的。确实，在2008—2009年的金融危机条件下，中国的决策者们面临的挑战之一是，高投资率带来了基础设施建设的迅猛发展，规划制定者们为了支持经济发展而急于满足的一些需求可能并不会立即被人所认识到。中国的公路网络从无到有的发展令人惊叹，机场与港口数量充足，电力设施也充分满足需求。

通过与印度的对比，我们能很好地认识中国在这一方面的经验。中国的高投资率是区别于印度的关键特点之一。中国总是在实际需求出现之前就建造了诸多的基础设施，而印度只是在出现发展瓶颈时才滞后性地建设其基础设施。于是，在印度，单项基础设施的投资回报率极高（也许比中国高出很多），原因是当项目建成时就能满足众多需求并产生即时的巨大收益。在印度，因为有明确的需求信号，单项基础设施投资的决策可能更有效率。但其经济的瓶颈与滞后性也导致了印度的政策在其他经济行为上产生巨大成本。整体来说，中国的方法更好些。

中国持续投资的重要作用显而易见，它是导致"华盛顿共识"崩溃的关键因素之一，并使更有力的政府干预得到了更广泛的认可。增长与发展委员会的报告（通常被称为《斯彭斯报告》）是多国共同努力的成果，旨在重建并阐明有关发展政策的共识。该报告得出结论认为，在制订未来发展计划以及调动投资支持这一计划的过程中，政府需要起到带头作用。斯彭斯（Michael Spence）这一派的观点非常主流，所以可以说，在这一方面中国"模式"是成功的，大家也越来越同意政府更多地参与到指导与促进投资中去。

然而，这一结论下得稍早了些。事实上，需要政府引导投资这一点曾经是发展经济学领域历史最悠久的传统理论的一部分。在20世纪50年代和60年代，发展中国家需要增加投资曾是发展建议中的要点。这也成为了世界银行和提供援助的发达国家参与进来的主要理由。但那些投资项目的情况极其混乱，而事实上，最初正是这样的情形导致形成了"华盛顿共识"。于是问题就来了，因为关于何种机制最有可能增加投资并维持效率这一点没有形成任何一致意见。即便在公平有效的税收体制中，税负也为经济增加了一层成本。对于外国投资或者外国援助的依赖暴露出了严重的问题。中国在实践中回答了这些问题，这源于政府与国有部门在经济中的重要性。中国模式一直是对国有企业予以优待的：市场竞争调控、内部留存资金以及有限的投资选择，这些都让企业更倾向于投资拉动型增长。同样，政府官员也受到激励而倾向于大幅投资和发展。中国的发展经验表明这一模式是可行的。得到授权的大型国有企业与政府官员促进了经济的发展。这也不可避免地意味着普通民众只拥有更少的话语权以及更少的社会资源。

其他发展中国家也可以作出这一选择，其中许多国家在过去几年中选择将其付诸实践。然而，在不同政治体系中，其结果可能大为不同。大多数发展中国家的强势企业可能掌控在与政治领导人有着裙带关系的人手中，不受监管。而中国至少有监管机制。中国的执政党是共产党，大多数发展中经济体都可能想要效仿这一体制。与此同时，中国给发展中国家带来的经验也是不完善的：政府应该在刺激投资方面起到带头作用，但我们又不能指导它们选择何种投资工具。我们可以提出的建议就是大范围的日常经济决策都应考虑到鼓励生产性投资。除此之外，每个国家都必须在各自特殊的环境中寻求机会，以选择合适的投资工具。

猜想五：对于一个以增长为导向的政体来说，应积极运用国有企业来创造国有部门之外的增长（与收益）机会。

典型的"华盛顿共识"关于制度与投资的建议是：各种项目应尽可能地为自己埋单。预算纪律与保护明确的产权这两点是被同时强调的，这通常使我们建议政府资助的项目应通过用户费用来实现自营。应尽量将公共利益与私人利益分离开。一方面，中国的众多基础设施肯定会带来大量的"用户费用"；另一方面，中国并没有认真尊重公共领域与私人领域之间的界线。中国政府通常的投资方式是给私有部门创造溢出利益。

确实，私人利益与公共利益的相互交织成为了中国改革进程中最持续、最突出的特点之一。一系列的经济行为符合这一观点。从一个极端来说，乡镇企业是作为公有制企业建立起来的，在中国的部分地区，乡镇企业发挥的作用就是开展创业活动，而这些创业活动惠及了当地的所有民众。从另一个极端来说，社会关系良好的个人将利润都装进了与之有关系的人的口袋。不同形式的公共利益和私人利益调和在一起，这一复杂的混合状况既有可能被指责为腐败，也有可能被称赞为实用主义。

对于评估中国的基础设施投资战略而言，这是一个更加广泛的视角。在印度模式中，基础设施投资是十分有效率的，但额外的成本却被分摊给了私有部门。在中国模式中，基础设施投资效率较低，但部分基础设施投资的高成本是对其他经济主体的隐性补贴。中国政府提供了许多经济上并不划算的基础设施服务，而私有企业也充分利用了由此带来的机会。当然，有良好社会关系的内部人士在利用这些机会方面会处于特别有利的位置。只要这种现象在经济持续发展的情况中出现，政府再小心谨慎也不为过。

这一猜想似乎非常适用于其他发展中经济体。确实，中国台湾可能是此类决策的先行者。如果政府带头促进发展和推动投资，那么它不可避免地会给许多私人参与者创造出溢出利益。这给政府既带来了政治机会又带来了经济机会。与投入行政资源来解决确保利益得到公平分配这一难题相比，一种宽松的态度可能更重要。

猜想六：可通过将薪酬与公司绩效（资产价值最大化）挂钩来激励国有企业的管理者。

"华盛顿共识"对私有化的强调不可避免地意味着它会相对较少地关注于如何以最佳方式激励国有企业的管理者这一问题。与此同时，中国正在尝试寻找一种合理有效的方法将高管薪酬与公司绩效相挂钩。中国的股票市场仍然缺乏诸多发达国家的证券市场所具有的优点，所以通过持有企业部分所有权或优先认股权来自动形成对管理者的激励并不是一种有效的手段。然而，股票市场的发展有助于管理者与所有者从企业资产的市场价值的角度来思考问题。当这些理念被牢固树立时，它们可被运用于国有部门，成为激励机制的一部分。

在中央层面，国资委着重强调要加强对管理者的激励。其主要方式就是通过一种为期三年的绩效合同来激励管理者。几乎所有的国资委下属企业在2004年与2007年都签署了这一合同。该合同大致列出了年度目标与三年目标。在年度目标中，利润起着主导作用。若是以百分制计算，以行业平均水平来看，则有30分来自目标利润的完成情况，40分来自股票的回报率（其余30分与部门的特定目标有关）。所以，企业可通过缩小资产净值以及对一小部分资产进行举债经营来大幅影响其得分。在三年目标中，企业一直需要在利润最大化与资产最小化之间维持平衡，这涉及总资本价值的增长与总收益的增长。三年目标的其他组成部分涉及年度收益的总和，所以对于短期的利润最大化的一些奖励将暂时不予发放，直到证明短期结果与长期结果是相符的。这些目标很好地突出了效率与增长、利润与价值之间的平衡关系。

为了将这些目标转化为有效的激励，国资委以百分制来给绩效打分，然后从A到E对企业及其管理者进行等级评定。管理者的工资取决于等级评定：激励性报酬可能是零（获得E等级评定的管理者），也可能是基本工资的3倍（获得A+等级评定的管理者）。在2005年，一半的国资委下属企业被评定为B级，六分之一的企业被评定为A级，4家企业由于未能实现利润目标而被评定为D级，两家企业因为篡改记录而被评定为E级。这些企业的名字被公布出来。因此，央企在过去五年中获得的惊人业绩也可部分归功于合适的激励机制。虽然激励机制并不完美，但它是实用的、可行的。它在物质奖励与大众声誉之间进行了平衡；它牢固建立起了如下的理念，即国有企业管理者的长期目标应该是使公共资产的价值最大化；它还在不损害长期价值的情况下为短期利润最大化提供了强大的激励。在这个很少会出现最佳结果的世界中，这一激励机制是一种很好的次优选择。

中国在高管薪酬方面的经验可能对其他发展中国家也适用。但其重要的前提是国家决定要建立一个运转正常的国有企业部门，在可预见的未来，这一部门会持续发展。第六个猜想与前五个猜想的联系是显而易见的：国有制与市场经济的结合是可行的。它不一定会成为最佳体制，但却可以避免失败并支持长期经济目标的实现。为了实现这一点，需要对经济体制的不同部分不断进行调整和调节，而高管薪酬也是其中的一部分。

中国模式广泛的适用性

之前的章节讨论的是中国产业体系的特征，并着重突出了其中最明显、对该体系的运转最重要的那些特征。它们的共同点是都描述了政府在经济中发挥的更大、更积极的作用。确实，我们可以说在中国的发展模式中，"国有制与政府投资在经济中发挥了强有力的作用"。这是十分明显且十分重要的事实，许多希望摒弃旧的"华盛顿共识"的人士也适当地强调了这一事实。于是，新《斯彭斯报告》的主旨是政府应该在引导经济与促进投资方面发挥更有力的作用，虽然并不一定要通过直接的国家所有制来进行。所以我们可以将中国发展模式的特征描述为"国有制与投资在经济中起着重大作用，其方式十分务实与灵活"。

我们可能会认为对中国模式的这样一种特征描述虽然公允，但却远远不够。首先，它没有明确政府在对经济进行实际掌控以达成具体成果的过程中扮演了何种角色。规划在中国无处不在，似乎每一个政府机构都有其长期目标，但我们还是无法获得关于中国经济发展愿景的一致看法。"十一五"计划明确了中国要建设一种更"平衡的"经济，要将更多注意力放在提升消费与生活质量上,但利用这一信息也无法预测出 2005 年至 2008 年实际的经济状况。显而易见,在这种整体的意义上,经济是无法"规划"的,因此,所谓规划方面的实践属于单个的政府机构与企业对不断变化的市场经济释放的信号作出适应的一部分。政府为了发展特殊部门、促进新兴科技以及提升经济水平而提出的具体方案在实施中究竟获得了何种程度的成功,这还有待于研究确定。

其次,说中国政府对经济起着重大作用这一点并没有将中国与其他众多发展中经济体区分开来,其他发展中国家的政府也起到了相似的重大作用,甚至以务实灵活的方式解决了一些问题,但最终以灾难性的失败收场。我们无须提及缅甸或津巴布韦的可怕经历就可以认识到,在发展中经济体,政府的参与通常是利弊相当的。确实,在 20 世纪 70 年代至 80 年代,经济学取得的里程碑式的成就之一就是明确承认了在理解经济表现不佳的原因时,"政府失灵"与"市场失灵"是同等重要的。本文的前面部分已经说明,在中国,干预性的政府政策与快速经济发展之间存在联系,但这种联系又不够充分。同时,我们有必要询问,中国如何能够避免某些方面的政府失灵(它们最有可能导致经济衰退)?

当我们以这种方式提出问题时,马上又会遇到另一个问题:中国发展模式迄今为止最显著的特征是什么?中国的政治体制,在过去 30 年里伴随着市场经济的发展而不断向前演进。中国对这一体制的特征进行了调整以巩固该体制、减少制度损失,同时集中关注经济目标。通过数十年的修补与调整,这一体制在避免灾难性后果方面表现十分出色,但这也依赖于不确定的、极其特殊的政治环境。中国运用同样的市场化方式来减少政府失效的发生,即循序渐进地进行反复试验,但这一渐进的过程并不是随机的或偶然的。相反,为了使该体制在追求经济增长中持续发挥作用,中国对该体制一直在稳步进行调整、加以修复、给予关注并实施重建。

在社会主义计划体制下,政府的管控无处不在,政府在当代中国经济中扮演的角色就是在此过程中逐渐形成的。这一事实是显而易见的,但是其重要性却很少被提及。在经济转型过程中,政府不可能像"华盛顿共识"敦促的那样"远离市场"。相反，必须彻底重建政府机构。从根本上说，中国模式就是为政府部门"重新设定目标"并对其予以"激励"。为政府部门重新设定目标这一观点是有着合理的、充分的依据的。运行良好的机构拥有有价值的组织与人力资本，在转型中应该对其加以利用，而不是将其丢在一边。另外，现有的机构作为利益集团也可能会阻碍经济发展，例如它们无法适应新的发展环境。所以，应尽可能地为政府机构重新设定目标。

在"重新设定目标"的同时，也要对政府实行"激励"。中国在市场化进程中针对其政府官员实施了强有力的激励机制，这也意味着激励机制与促进经济发展是保持高度一致的。干部需要进行年度考核，他们最高可以拿到100分，其中超过70分是根据经济发展的成果而评定的。官员的年度奖金和职位晋升也基于这一评分。此外，上文简单提到了中国对部分群体的致富持相对宽容的态度，这意味着实现了经济增长的地方官员在一定程度上有权对相关人员进行奖励并建立起人脉网络。

这种激励性的层级制有可能会导致灾难性后果。预算软约束、误导性的和造成浪费的项目以及腐败问题都可能根源于这种激励机制。当然，所有这些问题在中国的大环境下是显而易见的，但是这些问题也因为共产党所掌控的这一层级制所具有的监督作用而得到控制。实际上，层级制与政府机构内部的激励机制之间存在着互补性。在中国，该层级制的最高层通过加强该层级制内部的激励机制来应对新的市场机会的出现。否则，该层级制将会因一连串的缺陷而遭受打击并走向崩溃，就像苏联一样。这样的制度崩溃可能会导致经济的衰退。

中国在改革时期同时加强了其激励机制和层级制。中国现行的层级体系已经得到革新，变得专业化、规范化以及更强大。我们不能说中国没有实行政治改革，相反，已发生的政治改革形成了一个在效率方面焕然一新的层级制。结果是在该体制中，市场激励机制和行政监管都异常强大。该体制内部存在着紧张关系。政府官员与管理者们拥有众多权力并会面临巨大诱惑，但他们也同时服从于强有力的监督并会面临严厉的惩罚。既然具有这些特征的层级制仍然是中国独有的，那么，这就意味着中国的经验可能并不具有太大的普遍意义。

结论：可持续性与发展

中国的体制将继续向前发展，因为它面临的环境急剧变化着，并且体制中的行为体也清楚不断发展的必要性。全球金融危机带来的直接影响将会强化该体制的现有形式，并暂缓进一步改革的步伐。这是因为现有体制具备的迅速反应能力及其提供的直接控制手段在当前的危机环境下会带来好处。但当世界从危机中脱离出来以后，中国的发展模式会因为经济和社会两方面的变化而面临巨大转变。首先，中国会很快达到经济增长的转折点，在这种情况下，中国将不再会是那种由工业化以及从农村向城市的转型所主导的经济模式的追随者。其次，中国经济的绝对规模与复杂程度需要进一步对该体制的关键因素进行调整。

中国作为一个后发国家，在其发展过程中能够走很多捷径。经济飞速发展的实质是迅速地将劳动力从落后的农业领域转移到现代化与半现代化的工业和服务业领域，在这一过程中，中国就能效仿西方与东亚的先发国家的经验。指出这一点并非是要贬低中国取得的成就。虽然所有发展中国家都可以走这样的路，但它仍然是一项艰巨的任务，而相较于其他国家，中国通过更迅速和更彻底的转型获得了成功。但中国的特殊模式是在应对那些特殊的挑战中形成的。一旦决策者对经济增长充满信心时，就会相对容易地了解需要建设何种基础设施（哪些高速路或哪些码头）。此外，只要投资力度得以维持，从而将人们从农业领域转移出来安置在城市中，并给他们配置好新工作所需的生产机器，那么经济的增长潜力就会十分巨大。

中国的这一发展阶段差不多要结束了。到2007年底，中国只有40%的劳动力依然工作在农业领域。农业劳动力的绝对数量在下降——在2002年至2007年期间，大约7500万人离开了农村，而其相对数量可能更大。可以肯定的是，这一过程并没有彻底结束，事实上，在金融危机席卷全球之后，这一现象出现了暂时的逆转，但中国的农村已经被改变。农业已越来越成为老年人的行业，而大多数年轻人早已离开了农村。这一大规模从农业中撤离的进程也即将结束。当这一现象发生时，匆忙建设基础设施的需求会减少，而提高现有生产部门的效率与创造力的需求会增加。比起未来的挑战，中国现有的机构与战略更适合用于应对早期的挑战。中国的经济正在走向一个结构性转折点。

随着中国经济走向转折点，中国政府也发现它现在所管理的经济在规模上与之前截然不同。国有垄断企业正在成为全球性的企业巨头。其他领域迅速扩张，私有企业比国有垄断企业之外的其他国有企业发展得更好。未来的一种可能性是现有的各国有企业会被重组为一种透明的混合所有制企业并上市。市场能够更好地给这些企业估值，并对各管理者队伍的相对效率与表现作出评判。国家将把部分或全部股权转交给具有竞争力的财富管理者，它们包括主权财富基金、养老基金，也许还包括投资银行，同时国家还会在公司内部更加彻底地重建针对管理者的激励机制。国家所有权的实施将不再主要通过国资委来进行，而国资委将变成众多社会资产持有者之一，其绩效与报酬的评定也将以其他资产管理者作为标杆。

有必要将处于实施产业化政策高峰时期（20世纪60—70年代）的日本提出来进行一下对比。相比而言，日本市场向对外贸易开放的程度要低得多，更关键的是，日本基本上对外商投资是不开放的，这与当前的中国形成了鲜明对比。而日本又地域狭小，因此其结果就是决策者们主要依赖于直接的行政指导，以及官员迫使数量有限的大型企业之间展开"协商合作"的能力。在当今中国展开这种非正式协商的可能性很低，因为它涉及的企业范围广泛而又多种多样。于是，尽管当今中国国有制的规模更大，但与日本实施产业政策的全盛时期相比，中国在更大程度上由市场主导，并且在干预特定产业的发展结果方面更少采取主动。中国的国有部门可能会继续按照这一独特方向发展，形成一个比日本更开放、更具"金融色彩的"发展模式。即使政府毫不犹豫地进行干预并不时插手，但最终结果是市场会吸收政府干预带来的影响并以价格或其他市场信息的形式来传导这种影响。

过去人们曾对市场原教旨主义与"华盛顿共识"错误地予以肯定，现在毫无疑问，全世界都正在理智上从这种错置的肯定中脱身出来。与此同时，还有一个明显的变化就是政府重新在经济中发挥积极参与者和干预者的作用，至少在一些发展中国家是如此。这两个相互交织的明显变化之间的联系表明，"华盛顿共识"正在被关于世界的不同观点所取代，尽管最初的变化其本身主要是从务实的角度来适应环境，而不是要采纳一整套新的原理。诚然，现在说形成了某种共识还为时尚早。因为事实恰恰是还没有形成共识。经济学家们在关于中国发展模式的主要原理与经验方面令人吃惊地缺乏共识。像"斯彭斯委员会"这样的一些组织努力想要给新的共识下一个定义，这种努力是受到欢迎的，而且它们的定义肯定优于"华盛顿共识"，但是它们所定义的新"共识"却与20世纪五六十年代各种援助机构提出的旧的发展共识极其相似。我们不应该因为这种相似而去否认或诋毁它们的贡献。毕竟，重新证明古老的真理与发现新真理一样具有积极作用，但它也确实说明中国发展经验的特殊性应成为一个被更多关注的问题。我们自20世纪60年代以来学习到的哪些经验能让我们避免20世纪五六十年代的发展模式的陷阱？中国发展模式的哪些特殊性使其避免了诸多可预见到的问题？中国的成功在何种程度上与威权主义体制这一点相关？只有在我们以更大的信心解答了这些问题之后，才能够谈论"北京共识"。

长征：中国经济转型的经验*

拉斯洛·阿尔沃　安德拉什·施勒特** 著　和　军　陈　路　译

[内容提要] 本文指出，中国的市场经济转型不仅受到了亚洲新近工业化国家和地区的影响，而且从中也能看到先前匈牙利经济改革的影子。文章分析了匈牙利在20世纪60年代后期开始的改革与中国在20世纪70年代末的改革的相似之处，并试图解释匈牙利走向失败而中国获得成功的原因。20世纪90年代以来，匈牙利的急速转型与中国的渐进式改革在过程与结果方面都形成了鲜明对比，作者通过比较分析指出，华盛顿共识提出的新自由主义发展道路是导致包括匈牙利在内的东欧国家和拉美国家陷入经济困境的原因，而中国及其他东亚国家和地区选择了发展型国家模式，这使它们的经济迎头赶上了最发达的经济强国。

[关键词] 经济转型　华盛顿共识　发展型国家　匈牙利

---

* 本文原载德国《亚欧杂志》（*Asia Europe Journal*）2013年第1期（第11卷）。译文原载《国外理论动态》2013年第10期。

** 拉斯洛·阿尔沃（László Árva），法国昂热高等商业学校教授。安德拉什·施勒特（András Schlett），匈牙利帕兹马尼·彼得天主教大学社会学与经济史副教授。

导论

众所周知,中国向市场经济的转型受到了亚洲新近工业化国家和地区的影响,但没有太多证据表明中国的改革还受到了匈牙利经济改革的影响。匈牙利在20世纪60年代后期通过在农业、制造业、零售业和金融业中引入市场导向的措施开始了其以市场为导向的改革,这一改革使得匈牙利的经济比其他欧洲社会主义国家更具灵活性和效率。事实表明,20世纪80年代和90年代最早在中国实施的那些市场导向的改革措施与早先匈牙利改革所采取的措施存在很大的相似度。就这一方面而言,我们可以说中国的经济改革对早期匈牙利改革的许多要素进行了改造以适应中国的国情。与此同时,匈牙利的改革早已偃旗息鼓,但是,在20世纪80年代"失去的十年"之后,匈牙利发生了向市场经济的急速转型,这一转型尽管一开始看起来是成功的,但没能推动经济长期健康发展。而在中国,经济改革相当成功,在20世纪末带来了前所未有的经济发展。本文分析了匈牙利和中国的改革的相似点,并试图解释匈牙利走向失败而中国获得成功的原因。"中国是一只沉睡的狮子,一旦觉醒,将会震惊世界。"这话被认为是拿破仑所言,看起来他是正确的。既然中国已经逆转了全球化的进程而成为了赢家,那么,我们应该服气地承认中国已经觉醒。这个国家的经济已经走上了一条快速增长的道路。因此,整个远东地区都感受到了中国经济的主导地位。此外,这个国家拥有世界上最多的人口,它正在采取行动崛起成为一个世界性强国。巨龙已经觉醒,它不是要一跃而起,而是开始了万里征程。中国将获得成功:它已经是全球化的赢家之一,即使不是唯一的赢家。

匈牙利的经济改革

在20世纪60年代中期,所有欧洲社会主义国家中的改革派经济学家开始提出解决方案以便使僵硬的社会主义计划体制变得更加灵活。捷克斯洛伐克、波兰和匈牙利已经提出经济改革计划，但是，由于苏联在1968年入侵捷克斯洛伐克，所以只有匈牙利有机会实施大部分重要的改革措施。匈牙利的经济改革是从农业开始的。匈牙利在20世纪60年代前半期建立起了农业合作社，生产目标的设定依据的是强制性的国家计划，但是匈牙利很快意识到，为了给城镇提供稳定的粮食供应，使体制变得更灵活这一点很重要。匈牙利的农业改革靠两条腿走路。首先，存在一种"自留地"制度，家庭获得一小块土地，并被允许在自由市场上出售剩余产品；其次，农业合作社实施了一种没那么僵硬的详细的计划体制。完成计划后剩余的产品可以在自由市场中出售，而合作社在决定生产什么产品方面比国有工业企业拥有更大的自由。

在制造业领域，匈牙利在1968年之后进行的经济改革也很重要。在"传统的"社会主义计划经济中，价格、工资、产品配额和产业"协作"都是由国家计划委员会决定的，在该种体制中，没有"利润"的容身之地。1968年之后，在匈牙利，国有制造企业甚至也获得了更大的自由，份额相当小的一部分利润（当时匈牙利特意将其称为"福利"而不是"利润"，以便将其与资本主义的利润相区分）可以由企业自身来进行支配，以便给工人发放奖金或者进行小规模的投资。即使在1968年之后，大规模的投资也一直是由国家计划委员会决定的。匈牙利市场改革的一个重要构成要素就是允许更多的市场竞争。

20世纪80年代失去的十年中的匈牙利以及1988—1989年之后向市场经济的急速转型

20世纪70年代的石油危机在一个非常关键性的时刻影响到了匈牙利的经济。1968年实施的所谓新经济体制是匈牙利第一次试图将严格的国家计划改变为一种更加以市场为导向的体制。这一体制刚刚开始实施，苏联领导人已经试图阻止东欧国家所有"危险的"经济和政治改革。捷克斯洛伐克在1968年苏联入侵后放弃了经济改革，因为这一改革与杜布切克（Alexander Dubcek）这样的改革派共产党员或奥塔·锡克（Ota Sik）这样的经济学家有着密切的联系。奥塔·锡克在东欧国家可以被视为经济改革之父，因此也可以将他视为中国式改革的先行者。

自20世纪70年代以来，匈牙利对外贸易的发展越来越陷入困境。匈牙利出口到东欧和苏联的产品的价格是弹性的，如果我们试图提高出口产品的价格，我们的贸易伙伴根本就不购买我们的产品；但是，我们的进口产品的价格则毫无弹性可言，如果苏联开始提高其能源价格，我们无法从其他地方以原价买到这些产品。因为全世界的能源价格都在提高，我们也无法减少我们的能源消耗，因为我们的企业使用的是落后的耗能机器，也因为我们的体制是僵硬的。在西欧，我们的产品没有竞争力，但是我们急需西欧的现代技术。

从20世纪70年代中期开始，匈牙利的对外贸易赤字急剧增加，但是匈牙利的经济政策没有发生改变，因为匈牙利的领导人认为世界经济的变动只是暂时性的，能源价格迟早会回落。与此同时，我们试图将匈牙利经济与世界经济隔离开来，而为了避免匈牙利出现通货膨胀，我们一直在不断变动汇率。这样一来，匈牙利的货币价值被严重高估，这进一步削弱了我们在世界市场中的竞争力。由于使用虚假价格，因此即使是价格比率也没有反映世界经济的比值，所以价格给企业和消费者传递的完全都是误导性信息。

在这种情况下，匈牙利领导人在20世纪70年代末决定开始从国际货币市场大举借债。当时，利率暂时相对较低。人们希望匈牙利的经济在未来会发展得足够快，从而有能力偿还这些贷款。不幸的是，20世纪80年代初，国际信贷的利率开始快速提高，匈牙利的外债也急剧增加。到了1981—1982年，匈牙利经济濒临破产。为了避免最后的崩溃，1981年，匈牙利申请加入国际货币基金组织。由于1982年匈牙利无法偿还外债以及为进口进行支付，它转而向巴塞尔的国际清算银行请求帮助。

最后，匈牙利在国际货币基金组织的帮助下避免了金融崩溃。1982年之后，提出一项能够帮助匈牙利融入世界经济的长期经济策略已经成为迫切任务，但不幸的是，什么也没有发生。

1985年，匈牙利"共产党"（正式名称为匈牙利社会主义工人党）再次决定加快经济发展，但是，发展所需的资本货物仍然需要从西欧国家进口，匈牙利又依靠外国贷款来进行支付，因而我们的外债从110亿美元飙升至20世纪80年代末的195亿美元。此时，匈牙利成为了世界上债务最多的国家之一。

不幸的是，对过时的经济体制进行有意义的经济改革的做法没有被接受，只有一些半私有化的企业形式实现了合法化，但是这些企业形式只是有助于增加人们的工作时间，而无助于市场经济的发展。1988年，一种企业进行自我管理的形式被引入进来，但它并没有使市场经济得到显著发展。

1988年，匈牙利通过大量努力又从国际货币基金组织获得了贷款。但是国际货币基金组织开出了相当苛刻的条件。匈牙利不得不让其银行系统进行彻底的权力下放，开放进口。实行彻底的价格和工资改革，变革法律制度以便使私人资本参与经济生活成为可能，减少经常项目赤字以及平衡国家预算。

从此时开始，匈牙利开始急速转型为资本主义的自由市场国家。正是在这个时候，自发的、不受控制的私有化开始展开，企业领导试图抓住这一机会成为企业的所有者。此时，当时的财政部部长说："谁成为所有者并不重要，重要的是找到私人所有者。"

1989年，匈牙利当时的总理正式宣布了匈牙利外债的真实数字。国际货币基金组织在他宣布完之后立即撤销了给匈牙利的一揽子贷款，因为国际货币基金组织的这一揽子贷款是以匈牙利虚假的统计数字为依据的。

最后，国际货币基金组织愿意与匈牙利签订一项新的交易，但条件要严苛得多。这一协议在1990年3月14日签署，早于匈牙利的第一次自由选举。毫不奇怪，自那时起，经济自由主义成为了在匈牙利占主导地位的思想。

首先，这一思想得到了国际货币基金组织的支持，而20世纪80年代末和90年代，国际货币基金组织成为了匈牙利经济中决定性的参与者：如果没有国际货币基金组织，经济崩溃似乎一触即发。

其次，由于苏联曾经迫使匈牙利实行社会主义计划经济体制，所以，在社会主义体制崩溃，尤其是苏联解体后，显而易见，匈牙利的精英倒向了苏联的敌人们，他们想要效仿西方的经济模式——他们希望西方人会为他们的倒戈感到欣慰，从而慷慨地帮助匈牙利摆脱危机。

当时，匈牙利精英的态度非常矛盾，与其他东欧国家的精英类似。这些人长期生活在失意当中。因为他们感到由于苏联的存在，他们不被允许追随西方资本主义市场经济的道路。这些人对现代市场经济的原则有着充分的了解，他们中的绝大多数人坚信，敲敲打打地搞社会主义经济体制改革没有什么用处，市场经济应该尽可能快地被彻底引入进来。同时，这些精英与东欧普通民众一样，都相信西方人会无私地帮助这些前共产主义国家，将尽最大努力使东欧国家赶上西方国家的水平。

"学生"比"老师"更成功？

显而易见，即使今天处于世界经济危机之中，中国的经济转型也能被视为（至少在经济方面）是成功的，而分析中国经济改革的起源是件有趣的事情。令人吃惊的是，中国经济改革的某些特定要素是以一个今天看来远没有中国成功的国家为范例的，这个国家甚至比不上那些快速工业化的亚洲小国那么成功。

显然，中国曾尝试对不同的经济模式进行分析和了解，并想把那些最有前景的模式在自己国家进行应用。但是，即使是那些对该问题进行了最深入分析的文章也常常低估了20世纪60年代中期和70年代匈牙利的"新经济体制"对中国经济改革的影响。

在20世纪70年代晚期和80年代早期，匈牙利可能曾经充当过刚从"文化大革命"导致的混乱中恢复过来的中国的效仿对象。在1979年邓小平宣布要建设"四个现代化"之后，中国的专家团队访问了全世界不同的国家，他们的目标是找到那种能够推动成功的经济现代化进程的经济发展方式。在20世纪80年代，有两种模式对中国的经济产生了重要影响：一种是进行大量政府干预的国家计划资本主义，这一模式使马来西亚和韩国等实现了繁荣发展；另一种是匈牙利的新经济体制，它打破了国家所有制的垄断地位，这一事实今天往往被我们忽略了。

中国主要从马来西亚借鉴了其经济特区制度以及吸引和促进外国投资的做法（其条件是这些外资必须遵循政府在就业、技术转让和出口份额方面的指令）。但中国的农业合作社模式则来源于匈牙利，这些合作社独立核算，以市场为导向，有时从事附属制造业生产活动。20世纪80年代，匈牙利的全国计划委员会经常接待来自中国的专家，这些专家在仔细研究匈牙利实现"渐进主义转型和渐进主义现代化"的方式。当时，匈牙利的专家教导中国人如何朝着市场经济发展，但是，我们发现匈牙利和中国的专家对于这一问题有着极其不同的看法。对于许多在内心深处属于国际货币基金组织和新自由主义信念追随者的匈牙利经济学家来说，"渐进主义的转型"只是一种伪装，掩盖了他们认为只有快速而彻底的自由化和私有化才能使匈牙利经济获得成功的信念。然而，中国人则认为，只有在市场经济和中央计划共存的情况下，才能消除欠发达的状况。就像彼得·瓦莫什（Péter Vámos）在他的文章中强调的：一方面，中国领导人在真诚地寻找一种有效的经济模式，它能使中国摆脱经济落后的局面；但另一方面，对于中国领导人而言，向苏联证明存在不同的"社会主义"发展道路这一点在政治上是有意义的。强调如下这一点是重要的，即与匈牙利、波兰和捷克斯洛伐克一样，中国的改革只是社会主义国家众多改革运动中的一种。

在20世纪80年代和90年代，中国领导人了解到，占主导地位的新自由主义经济理论（后来所知的华盛顿共识）提倡快速自由化和私有化以及大力支持外国投资，这会导致跨国企业在实施这一模式的欠发达国家中占据主导地位。匈牙利经济学家在1990年之后以一种教条主义的方式实施了华盛顿共识开出的政策处方并敦促匈牙利实行了一种"休克疗法"，但中国采取了一条实用主义道路，在地方层面试验着各种实现现代化的方法。

中国人被说成是偏好于模仿。1979年之后，中国确实模仿了一些国家实现现代化的方法，并且经常恰恰是匈牙利的一些方法。事后来看，我们不得不承认模仿的比原创的要更好。中国的成功可以归功于它系统分析了那些作为模仿对象的国家的做法，从而模仿了匈牙利、韩国和马来西亚模式中那些有用的要素。同时，在1988年之后的匈牙利，新自由主义模式的实施没有经过认真的思考，没有使其适应匈牙利的国情。在效仿其他国家方面，中国提供了一个很好的例子。此外，中国的模仿总是要优于原型，因为它实施的方法切合中国的国情。中国为我们所有人都树立了一个榜样。

中国的转型

20世纪70年代末，中国领导人意识到，唯意志论原则导致了经济发展的中断，因此，需要一种新的经济模式，它能够解决一个人口已经超过10亿的国家面临的严重问题，对于这些人而言，最大的问题就是粮食保障问题。因此，首要目标就是提高农业产量，让农民受到更大的激励，先实现自给自足，然后再实现生产有剩余，但是这一目标不能通过激进手段来实现。因此，要转向市场经济，只能在地方层面采取小规模的谨慎措施。

1976年后，中国领导人采取的典型方法如下：

（1）他们分析了其他国家实施的方法；

（2）他们从中选出那些能够适用于中国的方法；

（3）他们渐进地将所选取的方法在地方层面付诸实践；

（4）在对成果进行分析之后，这些新方法要么被推广，要么被否决。

如今，很难断定中国在20世纪70年代后期对哪些国家进行了更加全面的分析，但是，从事后来看，我们可以说匈牙利的新经济体制以及马来西亚和墨西哥的出口导向型的自由贸易区属于此列。就像瓦莫什总结的，在20世纪70年代，中国在没有一个精确蓝图的情况下开始了经济改革，但是，为了了解实现经济现代化的不同方式，中国的专家访问了大量的社会主义国家和发展中国家。当时，唯一进行过重大的经济改革实践的欧洲社会主义国家就是匈牙利，因为捷克斯洛伐克在苏联1968年入侵后不得不放弃了所有的经济改革。

在1978—1983/1984年中国经济改革的第一个阶段，最初的改革措施是在农业领域实施的，就像在匈牙利发生的情况一样。为了提升粮食保障安全，中国在经过小规模改动后，采纳了附属自留地制度，该制度对匈牙利的农业在20世纪60年代和70年代的成功发挥了重要作用。在中国，该制度被称为"家庭联产承包责任制"。农民可以从村集体承包土地、机械和其他工具，在承包合同设定的范围内，他们可以自主决策。附属的自留地和集体村庄的共存对中国的农民而言是有好处的，就像社会主义时期的匈牙利的情况一样。投入生产的物资以政府计划部门设定的相对较低的价格购买，预订数量的产品由政府以计划价格收购，同时，剩余产品可以在市场上以市场价格进行交易。结果就是，在中国形成了一种价格双轨制（后来在越南也是如此）。农民和农产品贸易商是获利者。

在20世纪70年代后期和80年代早期，中国的工业部门也开始实施改革。这一改革放松了严格的中央计划体制，企业则被允许保留利润并通过发放绩效工资和奖金来激励职工。这一模式最先在四川实施，因此，它被称为"四川试验"。企业被允许保留它们所创造的利润中的3%—5%，其中一部分被用来扩大生产。企业还能够保留部分折旧费用。此外，在确保完成政府计划任务后，企业有权在自由市场上出售计划配额外的产品。一开始，"四川试验"只是在很少的几家企业实施，但是在该模式取得成功后，开始在全国进行推广。这一模式也与匈牙利的方案很相似。

中国模式的一个特点是先前的公社专门从事农业生产，后来演变为从事农业、工业和商业的目标多元化的大型组织，其中粮食加工和副业扮演了重要角色。这一模式也类似于匈牙利实施的模式。在匈牙利，在20世纪70年代，农业合作社被允许从事所谓的副业，以便提高工业产品的供给。

一直到20世纪80年代早期，中国和匈牙利的经济改革步伐还是相当的，但在此之后，这两个国家走上了完全不同的改革道路。在匈牙利，经济改革进程在20世纪80年代末变得缓慢，这不仅导致了经济发展的瓶颈，而且也造成了广泛的不满。在匈牙利的体制中，一个重要问题是农业和商业利润一般没有被用来进行生产的再投资。就像前面提到的，较大规模的投资一般是由国家计划委员会所决定的，也不存在任何机制引导个人储蓄投向生产。一直到20世纪80年代末，私人所有权在生产和交易中还是受到限制，这使得农民和小商户不可能将他们的利润再投资给经济活动，这就是小规模的私人或半私人企业以及农业合作社所实现的利润主要用于消费的原因。

然而，在中国，国有企业获得了更多的自主权，20世纪80年代，各种形式的企业被允许建立起来。这使得用利润和群众的储蓄进行的生产性再投资也能得到有效的利用。

与匈牙利一样，中国也存在一个双层银行体系，自1984年以来，中国人民银行成立并发挥中央银行的职能。这一双层银行体系推动了其他专业银行的成立，如中国农业银行、中国建设银行、中国投资银行等。在建立双层银行体系方面，中国走在了匈牙利前面，在匈牙利，这一体系只存在于20世纪80年代后半期。但即便如此，匈牙利的经济学家也能影响其中国同行，因为匈牙利的全国计划委员会早在20世纪70年代就已经开始集中研究银行改革的事宜，而中国的相关专家应该对此有所了解。但是在20世纪80年代，匈牙利的经济改革已经放缓，而这"失去的十年"在很大程度上促进了20世纪90年代初期的快速转型，这一转型以"休克疗法"的方式引入了市场经济。

建立经济特区制度是中国改革进程的另一个显著特征。就这一制度而言，中国并不是从匈牙利学习而来，而是借鉴于马来西亚和墨西哥。在中国，经济特区制度在20世纪70年代被批准，类似于其他发展中国家建立的自由贸易区制度或出口加工区制度。经济特区制度也促进了技术转让。

虽然在20世纪80年代，匈牙利的经济学文章中出现了建立经济特区和出口加工区以便使匈牙利经济逐步向外国投资开放的提议，但是这些观点没能付诸实践，而在1989年之后，经济和政治转型带来了急速的自由化，取消了对外国投资的所有限制。

国家在经济发展中的作用：中国模式的文化方面

中国也吸取了"亚洲四小龙"的经验教训。在这些国家和地区，制造业是出口导向型增长的基础。从20世纪50年代后期开始，美国对韩国和中国台湾的援助培育了经济的复苏。一个重要的地缘政治因素是美国的存在，美国是最大的出口目标市场。从20世纪60年代以来，在"亚洲四小龙"的经济发展中，全球化进程是主导因素。在东亚国家和地区的发展道路中，高效的、熟练的和廉价的劳动力发挥了重要作用。而其劳动力的纪律水平也同样重要。在这四个国家和地区，纪律最开始是通过政治高压形成的，但后来劳动力也适应了工业化带来的情形，自此，工人接受培训或再培训，从而提高生产率和生活水平。在东亚国家和地区的工业化过程中，其技术发展的程度以及在研发领域获得的成果都是引人瞩目的。在这四个国家和地区历时数十年的发展和几乎不间断的增长中，科学和技术极大地促进了产业竞争力。

发展型国家这一术语的定义是由曼纽尔·卡斯特（Manuel Castells）在其关于"亚洲四小龙"的著作中提出的："如果一个国家将有能力促进和维持发展设定为获得合法性的原则；同时，无论是在国内还是在其与其他国家的关系中，都将发展理解为稳定的高经济增长率与生产体系的结构变革的结合，那么，这个国家就是发展型的。"

在这样的国家，政府机构负责决定经济发展的道路，尤其是要负责根据国家利益来决定国有企业的发展。政府要通过提供像投资便利、优惠贷款、保底市场份额这样的国家补助或者通过实行不同形式的扶持举措来帮助国内的资本积累（它是促进产业发展的重要因素）。政府在国内资本积累中发挥着决定性的作用，到 1990 年，这些国家的政府在总投资中所占的平均份额为 30%。在韩国，传统企业形式——财阀——的特征就是与政府机构有着紧密联系。

林毅夫教授也强调了国家在管理转型中的作用。他指出，当转型开始时，东亚国家加紧了控制，其目标是改善现有体制而不是替换现有体制；而在东欧国家，其意识形态和国家已经崩溃，这就是它们为什么想要替换现有体制而不是去修补它的原因。林毅夫在谈到这一点时突出了欧洲与亚洲之间的文化差异，这也很有意思。他坚持认为，"二战"后，德国选择了一条"大爆炸式"的发展道路，但同一时期的日本则实施了一条更具渐进主义色彩的道路。中国台湾地区的情况也类似。在 20 世纪 50 年代后期，台湾不是将"国有"部门私有化，而是允许私有企业发展并逐步成为占主导地位的部门。"亚洲文化重视实用主义，这一价值标准将以一种递增的方式实现帕累托式的改进，它往往会扭转意识形态以使其适应现实,而不是反过来。"

谁在模仿?中国还是东欧?

1988—1989 年之后,匈牙利以非常快的步伐开始了经济和政治转型。1988 年,对外贸易,尤其是进口实现了自由化,外国直接投资变得完全没有限制,以前建立私有企业所需的所有许可证也被彻底取消。到 20 世纪 90 年代早期,西方市场经济中最重要的框架已经接管了匈牙利。

当然,这一快速的转型产生了大量的负面影响。进口方面的竞争给匈牙利的国有企业造成了大量问题,因而许多匈牙利国有企业不得不关闭。最大的汽车生产企业伊卡鲁斯(Ikarus)和著名的电气工程公司甘兹(Ganz)已经倒闭,而整个纺织产业都消失了。化工厂也不得不倒闭,或者虽然存活下来了,但生产能力非常有限。所有的制糖企业以及一些重要的粮食加工厂也倒闭了。1988 年以前,匈牙利共有雇佣工人 530 万,但是到了 20 世纪 90 年代中期,这一数字减少到了 430 万,而到了 2008 年,尽管有大量外国直接投资流入匈牙利,但雇佣工人的数量只达到了 440 万,经济危机爆发后,该数字再次下降。

1990 年后,所有中欧国家的 GDP 都下降了,匈牙利也如此。直到 1999—2000 年,匈牙利以不变价格计算的 GDP 才恢复到了 1988 年的水平。20 世纪 80 年代之后,出现了又一个"失去的十年"。1996 年之后的经济发展速度相当快,但我们不应忘记,这一快速发展是在一场非常严重的衰退后发生的,而到了 2007 年,经济发展速度又放缓了。

一些匈牙利经济学家,如西匈牙利大学教授佐尔坦·波加乔(Zoltán Pogátsa),坚持认为 1990 年之后的转型并不成功,而匈牙利经济和社会中的大部分问题根源于转型后所选择的经济模式。该模式的特征就是随着大量外国直接投资的流入实现急速转型。在匈牙利经济学周刊《观察家》(*Figyelö*) 2010 年 6 月发表的一篇访谈中,波加乔指出,匈牙利经济当前危机的根源就在于这一快速转型,它造成了匈牙利工业的崩溃以及外国企业在匈牙利经济中一边倒的支配地位。他认为，在这种模式中，匈牙利努力以相对低的工资来吸引外国投资者，但结果是只有那些低附加值的企业落户于匈牙利。另外，其他一些经济学家也承认转型是失败的，但是这是唯一的解决办法。

回顾一下中国和中欧前社会主义国家（尤其是匈牙利）的市场转型，我们就能够接受林毅夫教授的逻辑了。他在一次有关经济转型的会议上表示："对于东欧国家的政府而言，它们的转型目标一开始就明确设定为'用西欧的经济体制取而代之'……然而，中国的目标只是要提高经济体制的效率，改革并不存在一个深思熟虑的战略或者预先设计好的政策措施。"

可以学习的经验

经济学家提出解决经济政策问题的办法只是时间问题。许多看起来完全正确的理论将在二三十年后被证明并非如此，但是，只有在一个国家或者一群国家因为糟糕的经济治理而走向崩溃后或者当不成功的经济政策成为了导致选举失败的原因时，人们才会得出前述认识。

自新自由主义经济政策（它在20世纪80年代被指定给拉美国家，后来又被赋予包括东欧转型国家在内的其他"欠发达国家"）形成以来，已经过去了足够长的时间，到2011年，经济学家们在思考了长期以来的成功与失败后，得出了他们的观点。简单地说，这一揽子经济政策背后的基本理论就是，经济应该允许市场力量进行全面的自我管制，而政府干预应该限制在最低水平。这一揽子新自由主义改革，即一系列具体的经济政策处方，被称作"华盛顿共识"，它是由经济学家约翰·威廉姆森（John williamson）提出的，用来总结当时总部设在华盛顿的各研究机构提出的政策建议所共有的中心思想。华盛顿共识这一术语逐渐被用来指称一种朝向以市场为基础的发展道路的一般取向，它的各种政策处方关注的是去除某些政府职能，因为只有货物、服务和资本依据市场力量实现跨国自由流动才能确保世界经济的增长或者某个国家经济的快速增长。这些政策处方包括如下方面的政策：完全私有化、贸易和投资领域的经济开放以及市场力量在国内经济中的扩张。华盛顿共识从

20世纪80年代开始在拉美国家占据了主导地位，这部分是因为华盛顿（美国政府和国际货币基金组织）通过科学论证和其他手段来推销它的政策建议。然而，在一些亚洲国家，华盛顿共识的主要建议并没有被普遍接受。虽然中国在20世纪80年代改革了先前的中央计划经济体制，国家也开始向外国投资开放，但私有化没有完成，中国企业的许多资本是国家所有，而在银行这样的部门，国家仍然维持着垄断地位。印度自20世纪80年代至90年代以来，一直在努力使其经济实现自由化，但是，与拉美或东欧国家相比，它向国际贸易和投资的开放程度要更低。在韩国和一些远东国家，经济增长是政府高度干预的结果。但我们不要忘记前南斯拉夫与中国有着惊人的相似之处：南斯拉夫的海外工人转移回本国的资金为亚得里亚海地区的社会主义发展提供了极大的助力。同样，生活在海外的富裕华人为了消费和投资将资金转移到中国。然而，在匈牙利，在向市场经济转型后，富人们将大量资金转移到了国外离岸银行和避税天堂。

在2011年4月刊登的一篇文章中，马克·维斯布罗特（Mark Weisbrot）和丽贝卡·雷（Rebecca Ray）将实行了新自由主义的华盛顿共识道路的拉美国家的经济表现与没有实行这一道路或者只在很小范围内实行了这一道路的亚洲国家的表现进行了比较。比较的结果表明。尽管20世纪90年代发生了亚洲金融危机，但1960—2010年这一段时间对于韩国而言是一个人均GDP稳定而快速增长的时期。在经历了20世纪70年代的经济增长后，巴西的经济增长放缓，甚至慢于韩国。

结果，韩国的人均GDP几乎高于巴西3倍，这与1960年的情况相反，当时巴西的富裕水平是韩国的2倍。不仅GDP数字证明了拉美国家的糟糕状况，而且日益增多的公共健康突发事件以及教育指数也表明了这一地区存在的问题。世纪之交，这些拉美国家的经济和社会危机加深，其中一些国家公开谴责了华盛顿共识提出的建议，并转而走向了鼓励保护主义政策和帮助穷人的不同的经济模式。这样的转变必然会与一些专家以及国际货币基金组织这样的机构发生冲突，因为恰恰是国际货币基金组织在拉美推销华盛顿共识的新自由主义经济政策。

维斯布罗特指出，无论是在发展中国家还是在欧洲，国际货币基金组织的方案都无法解决危机，而且，葡萄牙、西班牙和希腊的危机因为那些令人痛苦的严厉措施而加剧了。维斯布罗特和其他许多杰出的经济学家建议，欧洲国家应该批评国际货币基金组织实际推行的各种政策。维斯布罗特在一次访谈中提到，匈牙利对国际货币基金组织的反抗是值得注意的，这个国家正在试图找到自己解决问题的办法。现在的问题是，超越了华盛顿共识的经济学理论将如何解决那些最不发达或深陷危机中的国家的经济发展问题？那些失业率最高的国家可以做什么？在这些国家，多国企业主导着生产和贸易，多国企业与本国企业之间的竞争导致了经济的崩溃，因此，只有社会支付转移才能有助于保护受影响的家庭以及保障农村人口的最低生活水平。整个过程是一个很难打破的恶性循环。

在2011年4月发表的一篇论文中，海外发展研究所（英国一家重要的研究机构）的专家关注了从国家层面向地方层面转移的重要性，他们宣称经济学家必须对受到地方层面的全球化进程负面影响的地方商业关系进行修正。在那些全球化进程已经破坏了地方商业网络的国家（就像拉美或匈牙利的情况那样），在跨国企业已经切断了地方经济网络并以双重制度取而代之的国家，在高度发展的跨国企业主导经济领域而本国中小企业为了生存而苦苦挣扎（尤其在经济危机时期）的国家，其经济更加脆弱，生活水平主要取决于外部因素。

经济网络的重建和发展意味着国家层面的经济政策发生改变。政府必须了解，经济的发展不只是因为外国跨国企业带来的帮助，相反，本国的各种举措更能够保证经济获得长期成功，例如，寻求发展和加强本国市场，促进本土企业的合作，等等。本土企业的投资比起大型跨国企业的投资来更多是劳动密集型的，这对于拉美和匈牙利而言有着重要的意义。

在"二战"后的几十年里，东亚的一些国家追赶上了世界上最发达的经济强国，成为了全球经济中的第三极。这一地区迎头赶上的过程的主要特征是政府进行大量干预。现在，中国代表着一种全球性的挑战，同时对世界而言，也是一支新的潜在力量。

在发展型国家,政府在促进和维持经济增长中发挥着重要作用。政府控制着经济和市场,利用社会作为实现其目标的工具。支持本国的经济举措、发展以及本国商业关系网络的重建将有助于那些自20世纪90年代以来一直失业的人重新获得工作。

中国农村从村民选举到乡村协商：协商民主试验的一个案例研究[*]

何包钢[**] 著　周艳辉 译

　　[内容提要] 在中国，乡村民主已经从村民选举扩展至乡村协商机制。这一转变必然会带来大量关于村民协商的试验性研究。本文考察了浙江省温岭市扁屿村的一次村级协商民主试验。文章介绍了扁屿村的基本背景，讨论了这一试验的设计，并研究了其结果。文章的结论部分对中国农村地区村级协商民主的发展前景进行了评估。

　　[关键词] 社会冲突　村民选举　乡村协商　协商民主

一、引言

　　近年来，中国农村在如下事务方面发生了一些争议：征地、村集体财产

---

　　* 本文原载《中国政治学刊》（*Journal of Chinese Political Science*）2014 年第 19 卷第 2 期，网址：http://www.springer.com/political + science/journal/11366？details Page = editorial Board。译文原载《国外理论动态》2017 年第 4 期。

　　** 何包钢，澳大利亚迪肯大学的人文与社会科学学院国际关系学系教授、东亚研究所高级研究员。

被侵蚀、村级财务缺少透明度以及环境污染。发生争议的原因常常是因为各级地方政府在重视农民的利益和权利方面存在不足。

财富的持续增加是导致中国农村地区的冲突日益增加的另一个重要的社会和历史因素。在过去 10 年，尤其是最近，快速的经济发展明显使许多村民的个人和家庭收入有了提高。例如，投资于城镇化项目和土地租赁的收入以及这些项目和租赁带来的收入急剧增加。不过，在各级政府部门大幅提高对农村地区的公共投入的同时，对这些资金的支配和使用导致了各种问题。在许多村庄，资金分配或发放的方式是最具挑战性的问题。这使得村民进一步理解"协商决策、管理和监督"这一观念变得更加重要。

不可否认，村民自治的制度化使村民获得了投票权。在许多村庄，年满 18 岁的村民有权依据"一人一票"的原则选举村委会成员。村民选举的程序已经变得越来越制度化和标准化，但在实践中，乡村民主建设依然存在地区差异。在一些地方，村民依然无法充分参与农村公共事务的民主管理、决策和监督。虽然村委会成员和主任由村民选举产生，但是他们并没有将村民的意见充分吸纳到民主决策的过程中。

在上面所讲的这种背景下，安晓波（Björn Alpermann）指出，为了确定选举后的各种程序对乡村治理的影响，有必要展开更多的研究。他还提出了如下问题：村民代表大会的程序规则是否会对参与决策产生影响。依据同样的思路，欧博文（Kevin O'Brien）和韩荣斌指出，对村民选举的关注应该从程序转向更广泛的政治和社会背景。参考安晓波、欧博文和韩荣斌的观点，我认为乡村民主建设应该从村民选举扩展至乡村协商制度。这一转变必然会涉及大量关于乡村协商的试验性研究，而且它也要求进行乡村协商研究。

乡村协商可以是深化和巩固乡村民主建设的一个有效方式。乡村协商可以比现有的手段更加顺利地解决农村的各种问题，可以避免问题因为不必要的社会冲突而被拖延。乡村协商民主的引入有助于村民实现其基本权利，推动建立在村民自治基础上的民主建设，扩大民主在村民和村干部心目中的意义，因而也能普遍改善乡村民主建设在乡村生活中的发展前景。

2005 年的一项全国性调查发现的某些迹象表明，村级民主建设存在一些不足，我们认为这导致了协商的必要性。总共有超过 3000 名被调查者参与了此次调查。10%（298 人）的被调查者声称，过去三年里，在其所在乡或者市里，有关学校和道路的决议是由每家每户参加的全体村民大会做出的。与此不同，616 名被调查者（占 20.7%）说这类决议是由村民代表大会做出的，而 744 名（占 25%）被调查者指出，决议是由村领导做出的。占最大比例的被调查者——共 1318 名（占 44.3%）——不确定决定是由谁做出的。同一调查还发现，547 名（18.8%）被调查者声称，与村集体土地承包有关的决议是由全体村民大会做出的；524 名（18%）被调查者表示此类决议是由村民代表做出的；650 名（22.3%）被调查者表示是由村领导做出的；而 1192 名（40.9%）被调查者不确定是由谁做出的。调查发现，28.3% 的被调查者声称他们的村庄在 2004 年举行过两次村民代表大会，而 59.3% 的被调查者对此不确定。这些调查结果表明，全体村民大会这种协商机制的渗透，其广度至少足以在公共治理方面产生示范作用，其广度还可能足以开始影响中国 73.47 万个村庄中 320 万村级官员的工作方式和程序。

中国的农村居民越来越关注村庄的财政，特别是对供给侧的财政激励。这可能是实施乡村协商民主和参与式预算的关键推动力。不过，其他社会政治因素混合在一起，也为乡村协商民主施加了压力，例如：政府提出"建立和谐社会"的倡导；实施制度改革和创新的需要；各地区领导人之间的竞争机制。自中国实行改革开放以来，领导干部对于海外发生的事情兴趣高涨，在一些例子中，某些领导干部通过在海外求学来进修学历。这些因素结合起来，共同提高了领导干部的能力，尤其是鼓励了那些参与政府决策的干部去试验和尝试协商机制这种新的协商治理形式。

不过，协商民主作为一种制度在中国乡村具有多大可行性？我们力图通过试验来回答这一问题，首先是要找到一个将引入协商程序和机制的村庄。我们将这一想法告知了温岭市的政府官员，随后获得了泽国镇和扁屿村对 2006 年进行的最初试验的支持。在我们去该村之前，村民们已经就快速的经济和社会转型带来的、近期已经在该村出现的各种问题举行过会议。我们明确表示，我们的议程是为了帮助他们改善这些村民恳谈会，方式就是依据协商民主的理念使这些恳谈会模式化。作为站在外围进行观察的学者，我们的首要目标远非向村民强加一种外来的正统民主形式，而是要依据我们对现有的各种村民谈心会的认知和体验来推动一种更好的协商模式。我们最大的希望是，这最终会在乡村实现协商的制度化。

通过完善和补充更加具体的程序以及纳入协商式民意调查方法，我们对恳谈会进行了重新设计，这将分三个阶段完成。首先，我们制定了有关协商民主基本条件的规则，包括尊重、开放、平等和代表；其次，我们设计了民意调查问卷，在事务管理方面为他们提供指导；最后，我们培训学校的教师作为小组讨论的协助员。为了赢得当地干部和村民的信任和尊重，我们在存在争议的问题上保持中立是非常重要的。

二、扁屿村的基本情况

作为处于温岭市泽国镇外围地区的郊区，到2005年，扁屿村已经经历了急剧的变化，大量企业在该村建立了工厂。土地租赁已经成为扁屿村集体收入的主要来源。2005年，扁屿村的总收入为173.5万元，其中土地租赁收入占到92.2%（160万元）。结果就是，它原来的居民中，大部分现在不再从事农业生产。

到2005年，有超过3000人流入扁屿村，超过了本地常住人口。新的农村人口的大量流入使得房屋租赁占到了每个村民家庭收入的约10%。2005年，村民的人均年收入高达9800元，不仅远远超过了全国农村居民人均年收入3200元的水平，也超过了浙江省5600元的平均水平。在2005年的9800元人均年收入中，废弃金属回收再利用带来的收入占到20%，创业带来的收入占到20%，来自服务行业的收入占到30%，来自建筑业和制造业的收入占到10%，房屋租赁收入占到10%，其他收入为6%。与村民在职业和收入方面的分化程度一样，非农业生产的程度非常高。

快速工业化已经在中国城乡导致了很多问题。在扁屿村的案例中，村庄的基础设施建设和社会管理水平完全跟不上本地新增人口的流入。本地人与外来人口之间已经发生过冲突，对环境保护的忽视导致了健康方面的问题，而计划生育管理成为了一个大难题。在这些问题当中，村民最担忧的问题是环境污染，尤其是影响到他们的日常生活和健康的垃圾处理和河流污染问题。作为最迫切需要解决的问题，它考验的不仅仅是选举产生的村委会的工作能力以及镇干部被赋予的职能，而且也考验了整个村庄（包括新来的人口，甚至包括外来的企业投资者和管理者）的运转。

有三个至关重要的因素有助于我们在那里开展研究试验：（1）各种不同的争吵不仅在前任村领导与现任村领导之间升级，而且在村民自身内部也在升级，这引发了极大的忧虑。一些问题非常微妙，亟需解决。例如，人们特别关注对新来人口的集中管理问题。如果村领导在没有获得村民支持的情况下独自作出决议，而且这一问题在很大程度上还没有得到解决，那么就会激起更多的不满。在这种背景下，村领导试图以恳谈会的形式通过乡村协商来解决争论。（2）村民逐渐开始对将土地租赁给在本村建设厂房的企业的安排表示质疑。质疑者认为这些企业的商业代理人试图收买村干部，以便实现廉价交易并强化这种将竞争者排斥在外的租赁合约。村干部有责任在公开讨论时就土地租赁合约提出各种问题。在我们的协助下，恳谈会将更多接受公众的监督。这样一来，这些恳谈会上形成的决议将不仅有助于扭转公众对于腐败的看法，而且也将增加村干部与企业谈判的筹码。（3）在扁屿村，村民磋商是一种根深蒂固的传统，因为在历史上该村是由好几个拥有本地势力的不同宗族构成的。在我们去之前举行的那些恳谈会是过去的磋商模式在现代的新发展。村干部之所以很快就答应我们的请求，是因为我们的理念对于该村的传统而言并不是一种不可逾越的转变，尤其是我们提出的恳谈会形式。作为一个更加开放的论坛，民主实践不仅会提高恳谈会的质量，而且还会提高其在村干部和公众心目中的合法性。

三、扁屿村的协商民主试验

不同类型的协商可以存在，也确实存在。理论上讲，协商是通过磋商来授权。不过，有时它会被操控或者是象征性的。在中国存在各种通过磋商来赋权的公共协商形式，它们也确实为村民提供了机会，以影响村庄的政策和村庄的决策过程。这种协商的发展可能是渐进的和非连贯的，但是过去10年间乡村协商案例的增加和质量的提高预示着其发展前景是光明的。

虽然我们没法得到大范围的相关数据，但是中国的一些农村地区确实存在一系列令人印象深刻的协商机制。温岭这个县级市就是如此。这个现有人口超过了100万的城市一直在实行一种将大众代表与协商结合起来的民主形式。从1996年到2000年，温岭市至少举行了1190次协商会和磋商会。另有190次会议是在该市各乡镇之间举行的，还有150次会议的参会者来自温岭的政府机构、学校和商界。

协商式民意调查采取随机取样的方式，目的是构成小规模的普通公民群体样本（通常是数百人），他们是不同社会阶层的代表。这些群体通过一种便捷的程序来参与各种议题。他们获得关于某个议题的所有相关信息，然后就这一议题展开协商，通常历时1天或2天。这一过程最后形成的结论往往代表着公众深思熟虑后的观点。一个代表性案例是温岭市的泽国镇，2005年，该镇的官员引入了协商式民意调查，将其作为为该镇预算设定优先项目的机制。这次协商式民意调查的结果提升了决策过程的地位，决议过程通常是该镇的上层人士提供建议的过程，现在则提升为向该镇所有公民授权的过程。它促使官员们遵守最后的决议，并承诺在未来的决议中进一步完善协商过程。在随后的2006年，通过协商式民意调查遴选出来的12个项目中，有10个得到实施。从那时起，协商作为该镇有效的决策机制得到继续发展。在2008年至2013年期间，每年的2月到3月都会举行协商会，在协商会上，该镇年度预算的所有细节都会向参与者公布。

授权型协商在中国的发展也许速度不算快，但是在泽国镇这样的乡镇，它至少通过一整套程序规则得到了巩固。重要的是，正是这一点将它与上文所讨论的操控式协商和象征性协商区分开来。其规则和程序要求协商会要确保公正、平等以及将协商贯彻到底。国务院关于磋商会和协商会的正式文件中所列出的一整套规则和程序也具有类似的特点，但它们属于更宽泛的举措。

不过，授权型协商的重要方面确实是以国务院的规定和程序为依据的。这些文件规定，在协商会开始阶段，会议组织者应该向所有参会者陈述某一争论正反两方的观点，或者参会者自己事先熟悉并陈述某一争论正反双方的观点。应该先提出支持采取某项具体举措的观点，然后再提出反对这一举措的观点。对这些观点的相似点和不同点进行整理并引导争论，是协助员的职责。如果政府没有采纳或者支持某一具体的观点或政策，它必须列出这样做的所有理由，并提出依据来支持自己的决议。最后，这些文件通常建议应该对协商抱有信心，因为即使在围绕公共政策存在的利益冲突看起来没法解决的情况下，协商也将有助于找到正确的平衡之道或解决办法。

在前面的部分，我们讨论了导致扁屿村支持展开协商民主试验的各种类型的问题。扁屿村发生的快速变化迫使其居民坐下来举行恳谈会。人口的增加以及其他多种因素迫使村干部通过协商形式来快速解决问题。虽然它们符合国务院针对磋商会制定的各种标准，但其协商程序明显存在不足，也就是在代表性、平等、独立性以及参与者的辩论技巧和能力方面存在不足。最为明显的不足是，只有获选的村民代表才能参加恳谈会。村庄的外来人口以及其他的弱势群体不仅未能得到充分代表，而且他们被彻底排斥在这些会议之外。为了推动这些恳谈会朝着协商民主的方向发展，我们修正了这种做法，并引入了一些新的协商民主的要素和方法。

村民和村干部为民主恳谈会提出的将要解决的问题包括：对外来人口进行管理；本村的三年发展计划；环境和卫生问题；造林。由于不可能在一次会议上解决所有四个问题，我们退而求其次，决定连续举行四次恳谈会。

由于没有任何规定要求会议必须有外来打工者代表参加，即使他们的人口已经超过了本村村民，因此我们的第一项任务是重新设计了恳谈会的程序，以便将该村的所有成员容纳进来，包括其他弱势群体。虽然我们很小心地避免触怒某些人和违反已有的规定与程序，但为了突出代表性的重要意义，某种程度的坚持是必要的，尤其是考虑到外来人口是会议议程要讨论的首个问题。要实现这一目标，我们依靠的是说服村干部接受随机取样在协商中必须发挥关键作用。就像在下面的表格中能看到的，在第一次协商会中，我们的参会者样本中包括新的外来打工者以及该村弱势家庭中的成员。我们在该村采取随机取样方法，从表1所列出的各类别人员中选取参会者。我们的样本共选取了85名参会者。我们在表2的其他项目下提供了这些样本的信息。这使我们通过随机取样形成的混合群体样本令人满意，其成员来自该村常住人口和新外来人口中的不同社会阶层。我们尽力在我们协助举行的这一次以及其他会议上向参与者逐渐普及平等参与的意识。重要的是，作为这一努力的一部分，我们将外来人口称为"新村民"，用来取代口头上常说的"外来户"。随后，我们就可以更加详细地分析他们是否得到了本地村民和其他人的平等对待。

表1 参会者的分布

村民代表	村民	妇女	共青团员	老年协会成员	企业家	领取低保的贫困家庭	公职人员	外来打工者	总计
47	9	7	3	3	3	3	2	8	85

注：本表不包括只参加了2006年3月19日的协商会的12名外来移民。

表2 被选取的参会者的基本信息

类别	次类别	百分比（%）
性别	女性	68.9
	男性	31.1
婚姻状况	已婚	85.2
	未婚	14.8
文化和教育背景	文盲	6.6
	小学	37.7
	初中	39.3
	高中	11.5
	拥有专业技术职称	4.9
职业	农民	74.1
	工人	5.6
	企业家	7.4
	店老板	9.3
	其他	3.7

为了尽可能保证参会者拥有平等的发言机会和获取信息的权利，我们就如何推动讨论以及如何使参会者获得所有必要信息对协调员进行了培训。为了确保中立，我们从本村以外的其他地方征募了协调员。协调员必须满足如下条件：（1）拥有较强的组织能力并有能力掌控现场讨论；（2）具有较高的教育水平；（3）经过培训；（4）有能力把握整个协商过程中的所有程序；（5）确保所有讨论内容记录在案并保存其他数据。这些以及其他要求对于协商是必不可少的，能够使讨论以有序的方式进行，并确保协商的整体质量。

因为平等在扁屿村是一个至关重要的问题，并且在先前的恳谈会中确实缺少平等，因此我们设立了其他的机制。在召开恳谈会之前，要准备好所有的相关资料或背景材料并将其分发给所有参会者，确保在开始讨论前参会者能够拥有尽可能多的渠道，或者至少拥有足够的时间来了解所要谈论的主题。我们还要确保所有发言的人分配到相同的发言时间。此外，因为村干部具有相当大的影响力，所以我们没有允许他们参加小组讨论。不过，他们被要求参加全体会议。

所有恳谈会主要围绕一个事先确定的议题展开，历时 2 小时。第一个小时用来进行小组讨论。参会者被分成 6 个小组，每组 14 名参会者。然后各小组集合起来进行 1 小时的全体会议。对于村干部而言，这是一个聆听来自村民的不同观点并对其作出回应的机会。通过抽签，每个小组选出 2—3 个人作为发言代表。这一随机过程维持了不同小组在代表性方面的一致，并将可能存在的不良影响控制在了最低程度。无论是小组讨论会还是全体讨论会，只有参会者所讲的内容会被记录在案，其他都是匿名进行。

简言之，我们力图确保乡村协商的制度设计能够以一整套正常运转的机制来完整体现协商民主的基本要求——公开性、协商、广泛的代表性以及平等，这些机制将使得村民恳谈会能够有条不紊地朝着现代协商民主的方向发展。

在将协商试验的时间、日期和其他因素考虑在内后，我们在 2006 年安排了四次协商会：3 月 17 日，关于农村重建规划的议题；3 月 19 日，关于移民家庭、社会秩序、环境和卫生的议题；3 月 21 日，关于垃圾处理、公厕和河流清理的议题;7月26日,关于村庄经济和造林的议题。所有恳谈会按照同样的方案进行。村支书首先欢迎来宾,包括专家和镇领导,然后宣布恳谈会的议程和要求。参会者被要求填写一份初步的调查问卷,然后分组进行小组讨论,随后再集合起来召开全体会议。会议结束后,参会者被要求填写一份退场调查问卷。

不过,参加恳谈会的人数每次都不一样。只有60人参加了3月17日召开的第一次恳谈会,而有77人参加了3月19日举行的恳谈会,其中12人是"新村民",因为有关移民家庭的议题与他们直接相关。不过,大部分随机选出的参会者参加了所有恳谈会。这是一个非常正面的结果,维持了扁屿村乡村协商的一致性。从我们的随机样本中选出的人,只有少数没有参加恳谈会。作为观察员出席会议的学者和专家有助于保证协商过程平稳进行。恳谈会过程中出现的各种问题得到了及时解决。例如,我们在第一次恳谈会中碰到了一件事,就是未获邀请的村干部要参加小组讨论。我们要求他们离开会场,向他们解释说他们在场会妨碍小组讨论。

总体上看,恳谈会按照我们事先确定的程序顺利进行。新村民的参与尤其让人看到希望:他们非常重视这种参与机会。这不仅是他们第一次有代表出席扁屿村的恳谈会,而且也是他们第一次获得本地村民的尊重。

四、协商民主试验的结果

从参会者在全体会议上发言的内容和表现、问卷调查的统计结果及其对村庄决策的影响来看,民主恳谈会的意义和价值是显而易见的。长久以来,中国农村缺少制度化的机制来让不同的群体就村庄的重大事务充分表述他们的看法。在我们协助扁屿村举行的民主恳谈会中,来自不同群体的代表可以自由发言,在重大的村庄事务中发挥真正的作用。

我们最为关注的是提高这些恳谈会的真实水平。我们的试验的参与者讨论那些农村生活环境中真正存在的问题,他们也依据平时的或个人的经历就那些影响到每个家庭和每个个人的农村政策展开辩论。由于恳谈会涉及的政策都不是事先确定好的，因此参会者在通过公共协商程序获得进一步信息后，会改变他们的政策偏好，从而影响政策结果。这与以前的那些讨论会或政治学习会形成了鲜明对比，我们认为在以前的那些会议上，无论官方的路线是什么，人们只能点头同意，或通过其他没有什么实际效力的类似方式表示批准。

由于参会者可以在小组会议上表达他们的看法，而小组会议后，发言代表会在全体会议上转述这些看法，因此这会直接影响村干部对这些问题的重要性采取的态度和做出的决议，从更一般的层面讲，会影响他们对待村民的态度。自进行协商试验以来，从这些讨论中形成的观点对村干部如何处理重大事务是有影响的。

乡村协商鼓励有着不同社会和经济背景的人们提出各自的观点。在扁屿村进行的讨论和交流涉及面相对广泛，参与者也可以公开表达他们不同的看法，这些均提供重要信息，如果不是这些讨论和交流，这些看法和信息就不会为人所知。通常，所提出的议题会稍稍偏离主题，但无论如何，还是具有相关性。每个人都有权提出自己的观点，即使与大部分人的观点相冲突。

相关会议记录和调查问卷展现了参会者在恳谈会上表达的观点以及对恳谈会持有的看法，在对这些记录和调查问卷进行仔细而全面的分析后，我们得出结论认为，即使不是所有参会者，也有大部分参会者的态度是真诚而直率的，每个人都具备自己的分析和表达能力。参会者经常引用论据来支持自己的观点，而不只是想到哪说到哪。例如，在就"外来人口住房"的建造和管理议题展开的交流中，我们看到了如下内容：

> 协调员：今天我们就为外来人口建造新住房的提议进行讨论。住房条件如何才能得到改善？对于新的外来人口在本村安家落户，你们有什么想法？
>
> No. 55：我认为这不是件好事。在新的住房建造起来后，会出现过多的外来人口。这将让人无所适从，带来太多干扰。而卫生状况也会变得更糟。

No.54：应该说，集中居住有助于维护治安。

No.53：集中居住便于处理［社会纠纷］。

No.52：一些新的外来人口卫生意识很强。有些人可能在垃圾处理方面比较随便，但大部分人还好，只有少部分人不讲卫生。

No.50：如果他们在本地安家的话，就应该建立相应的基础设施。［新的安置房的］管理需要加强，因为目前发生了太多的盗窃案件；上级部门需要特别关注治安问题。有些人白天都待在家里，而晚上则出门干违法的事。需要招聘治安管理员来专门管理外来人口。

这是进行小组讨论的基本方式。协调员提出一个普遍问题，引导参会者围绕这一问题就相关事务展开讨论。在上面的讨论中，存在三种不同的观点。一种观点不支持移民户在本村安家，理由是这会导致更多人效仿，并会危害公共安全和健康。另一种观点支持移民户在本村安家，因为集中居住将有助于对他们进行管理，改善公共安全，并且会成为提高垃圾处理卫生标准的强大动力。第三种观点认为，如果移民户继续大量在本村安家落户，那么管理必须跟上来。该种观点指出，在不具备充足的资源进行管理的情况下，不应该允许更多的外来人口安家落户，因为大量外来人口的聚居会导致非法勾当。

我们从这些存在分歧的观点中能够得出什么呢？显然，与会者提出的用来证明其观点的一些理由是不充分的。不过，只要对与会者提出的这些问题形成了某种认识，就更有可能在村一级展开有理有据的辩论和更深刻的反思。在上面的例子中，所有与会者都在努力说服其他人，方式就是用证据或论据来证明自己的观点。就此来说，协商民主理想中的参与和公共协商至少在主观层面得到了实现，而当更多的人在感受、观点和主张方面存在分歧时，这一点尤其具有代表性。

扁屿村协商试验的部分议程是要对乡村协商的质量进行评估。出于这一目的，我们通过设立对照组和非对照组来检验协调员对恳谈会的结果产生了何种影响。对照组中的协调员遵循通行的协商惯例。他们鼓励与会者在发表看法之前花一些时间对自己的观点进行全面思考，以此来引导讨论。相反，非对照组的协调员不允许引导讨论，他们只需确保所有与会者至少有机会发言即可。在协商会之前以及结束之后，两个组的与会者都要填写民意调查表，这样就能对两组人员进行对比分析。我们这样做的目的是想要确定乡村协商（指的是在通行的协调惯例下进行的协商）是否会对与会者的政策偏好的改变产生影响。

我们在表3中展示了对照组和非对照组试验的结果。该试验证明了如下看法：在给予指导和协助的情况下，与会者的理性思考水平得到明显提高。总体上看，对照组的综合指数比非对照组的综合指数高了3.1个点。当然，需要指出的是，对照组的回应指数（response index）要低于非对照组，因为协调员对讨论进行了引导。该结果表明，虽然协调员的教导和培训是提高扁屿村村民协商能力的有效手段，但它同时也更广泛地适用于整个中国农村协商民主的发展。

表3 对照组与非对照组的发言和讨论水平

分组		观点指数		推理指数		回应指数		综合指数	
对照组	第1组	6.46	4.945	1.64	1.82	0.09	0.45	6.37	7.21
	第2组	6.57		1.43		1.0		9.0	
	第3组	3.63		2.38		0.25		6.25	
非对照组	第4组	3.63	2.418	1.38	1.02	1.5	0.66	6.5	4.1
	第5组	1.78		0.67		0.11		2.56	
	第6组	1.85		1.0		0.38		3.23	

注：两位研究助理听了录音后记下笔记，然后确认所表达的观点、提出的理由以及对其他人做出的回应，再对这些观点、理由和回应进行编码，每一个都记为一分。这些分数加起来后，再除以每个小组与会者的人数。最后的分数体现了协商的独有特征——观点的多样性、对于争论的回应率以及普遍的关注率。

恳谈会的另一个关键特征是，虽然与会者持有不同甚至相反的观点，但他们通常不只是根据自己的利益诉求来考虑问题。大部分人关注的是整个村的整体情况，在许多情况下，他们表现出已经意识到了外来移民和其他弱势群体所面临的问题。例如，虽然许多与会者获得的额外收入都来自面向外来移民的房屋出租，但他们依然不支持外来移民户在本村安家落户。不过，随着讨论的进行，他们获知外来移民居住的出租屋条件很差。许多邻近的村民描述了这一点是如何不可避免地也影响到了他们自己的生活。那些出租房屋的与会者有必要从外来移民的居住条件和邻近村民的居住条件这两个方面来重新思考自身在外来移民户安置这一问题上的立场。同时，许多与会者提出要教育房主改善其出租屋的硬件设施，提供更多的服务，改善与外来租户的人际关系。在小组讨论中，许多人否定了为外来打工人员建设新住房的提议；但在全体讨论会之后，多达88%的与会者转而支持这一提议。

对于所提出的公共卫生方面的问题，大部分与会者支持在公园以及外来移民集中居住的区域建造公共厕所。关于垃圾处理问题，大部分与会者认为仅仅将垃圾打包的做法对于减少异味作用不大。大部分人支持的做法是每家每户应该将袋装垃圾放到指定的公共垃圾箱，然后由工人将它们收集起来，运往村里的垃圾填埋场。

民主恳谈会也给处于弱势的外来人口代表提供了向本村与会者表达他们所关注的问题的机会，大部分本村与会者都善于听取他人意见。在听完外来移民对向他们收取公共厕所使用费的问题的看法后，多达62.7%的本村与会者不赞成这一收费。一些人指出，因为外来移民在其他很多方面对本村的发展做出了贡献，所以应当可以免费使用这些基本生活设施。

其他恳谈会也在与会者之间达成了程度相对较高的共识。所有四次恳谈会讨论的主题都是扁屿村碰到的重要问题，其中一些是具有争议性的问题。不是所有问题都达成了一致看法，尤其是最开始提出的问题，但是在恳谈会结束时，与会者在看法上的改变足以让他们采取积极措施来解决问题。比较恳谈会召开前和结束后所做调查的结果可以发现，与会者在恳谈会后达成了更大程度的一致（见表4和表5的统计结果）。例如，就垃圾处理问题而言，在恳谈会前，46%的与会者赞成将垃圾装袋后放在门口，而只有54%的人赞成每家每户将垃圾扔到公共垃圾箱，然后由工人将垃圾收走运往村子的垃圾填埋场。分别持有这两种观点的人基本上是相同的，但是，在恳谈会后，相应的比例变成了17.8%与82.2%，大部分人支持第二种卫生处理方案。

表4 环境卫生恳谈会的结果（3月21日）

主题	选择	百分比（%）	
		恳谈会之前的调查	恳谈会之后的调查
垃圾处理的最佳方案是什么？	每家装袋后放在门口，等待集体处理	46	17.8
	每家各自扔掉	54	82.2
是否应该建造公共厕所？	是	56.1	80.7
	否	43.9	19.3
就任命一名公共厕所管理员进行投票	是	81	83.7
	否	19	16.3
聘用公共厕所清洁人员每月的费用应该是多少？	400元	35.3	57.7
	500元	33.3	19.2
	600元	23.5	11.5
	700元	7.8	11.5
外来移民是否应该缴纳公共厕所使用费？	是	50.9	37.3
	否	49.1	62.7
公共厕所应该建在何处？	外来人口集中区域；公共区域；小刘坟；村委会；西边分界线前面	离住房更远一点的地方；河边；小山公园	

表5 关于恳谈会的调查（6月26日）

主题	选择	百分比（%）	
		恳谈会之前的调查	恳谈会之后的调查
村集体与村民共同投钱在房屋周围栽树，村集体的投资比例以多少为宜？	20%	27.5	6.5
	30%	11.8	9.7
	50%	19.6	13
	70%	41.2	71

(续表)

主题	选择	百分比（%）	
		恳谈会之前的调查	恳谈会之后的调查
村里5亩未开发的自留地应该如何开发？	村子自己筹资	52.5	48.4
	与开发商联合开发	16.9	40.3
	不知道	30.5	11.3
如果村子自筹资金进行开发，是否愿意投资？	愿意	87.8	74.2
	不愿意	12.2	9.7
	其他	0	16.1
如果村资金不足，最好的办法是向银行申请贷款还是向村民发行公债？	最好是申请银行贷款	13.8	35.5
	发行村民公债	62.1	59.7
	不知道	24.1	8.1
如何开发4亩宅基地用地？	按照评分建造房屋	50	17.7
	将土地变为国有，公开招标	50	74.7
	其他	0	8.1

同样，在公共卫生问题方面，两方的观点差距相对较小。在恳谈会之前，56.1%的人（超过了与会者的半数）支持在公园和外来人员居住区建造公共厕所。但是恳谈会之后，赞同这一做法的人达到了80.7%。恳谈会之前，50.9%的与会者认为"新来人员"应该缴纳厕所使用费。不过，由于外来移民的代表有机会在恳谈会上表达对这一问题的关注，向本村与会者说明理由（就像前面所描述的），因此，在讨论结束后，62.7%的人否定了收费的提议。

村民们自然非常关心村有土地的开发，以及与此相关的村集体收入的使用，这在过去经常引发争议。在恳谈会之前，一半的与会者认为某块村有土地应该用来建设私人住宅。不过，另一半人赞成村委会和镇政府共同获得该块土地的所有权，然后对其进行公开招标。恳谈会之后，持有前一种观点的人所占比重降到了17.7%，而持后一种观点的人所占比重上升至74.7%，这消除了观点之间的严重分歧。

当然，村民在某些问题上没能达成共识。例如，在 5 亩村有自留地应该如何开发这一问题上，两种观点都未能获得超过 50% 的支持，48.4% 的人选择村子自筹开发资金，40.3% 的人选择联合开发。这是非常正常的，不可能在所有问题上都达成一致。当观点确实存在差异时，民主恳谈会至少可以提供一个平台，来减少差异或者达成某种程度的理解，这本身会有利于村子的和谐。

五、协商民主试验的局限

如上所述，我们在扁屿村进行民主恳谈会试验时，遵循的是平等、开放和广泛代表的原则。在这一过程中，我们增加了随机取样、参会前分发信息以及在小组讨论中进行协调的机制。我们规定，村领导应该回避小组讨论，但要参加全体会议，并对与会者的发言作出回应。我们还引入了当场宣布结果的做法，以避免人为操作，或者至少将人为操作降低到最低程度。在恳谈会进行前和结束后，我们安排与会者填写了保密性的调查问卷，以便对所协商的问题的结果进行比较。

尽管我们努力想让恳谈会成为一个平等的舞台，但受到既有的社会结构的影响。我们在扁屿村遇到的社会结构类型在这些会议中体现在四个方面：本地人与新来人口之间的不平等；村民与村干部之间的分歧；不同职业群体之间地位的悬殊；不同宗族之间地位的差异。

与会者社会地位的不平等在很多方面影响着协商。与会者为其观点进行论证或辩护的能力存在很大差异。尤其是，村干部在恳谈会这样的场合如鱼得水，他们经常在村以外的地方走动，通过参加各种会议积累了经验，无论是对村政策还是国家政策，其认识水平都相对较高。显而易见，在全体会议上，与那些非村干部与会者的发言相比，他们在表述自己的观点时表现更好。如果被允许参加小组讨论，他们会主导讨论，因为他们将这看作领导干部职责的一部分。相反，一些村民在表达其观点方面存在困难。那些大部分时间在田间劳作因而没有见过什么世面的与会者在这一方面尤其费劲。他们的表达水平和分析问题的能力通常较差。许多外来移民中的与会者也存在同样的问题，因为他们从来没参加过这样的活动。考虑到他们是新来者，以前他们不需要对有关村民的事务发表意见，更不用说一开始就参与这些事情了。下面的对话反映了其中的一些情况。

  协调员：你的感受应该很深。给我们讲讲你作为一个外来人口的直接体会。
  No. 8：没什么可说的。
  协调员：你认为最好是住在哪里？
  No. 8：住房东的屋子就不错，房屋不错，租金也还好。
  协调员：在你看来，作为移民户，生活还行吗？
  No. 8：嗯……
  No. 28：没什么可说的。说什么也没太多意义……我能付钱。如果我必须再付 10 元的话，我可以付。

从这些交流中，我们很容易看出 No. 8 与 No. 28 是外来人口。"新来者"在恳谈会上的表现当然会受到他们在村子这一社会中的地位的影响，因此，他们要么认为自己没法说什么，要么认为说什么也没用，因为不会有什么改变。在我们看来，一个重要的问题是，村干部坚持认为外来人员不应参加填写协商调查问卷。村干部担心的是，填写调查问卷作为恳谈会的组成部分，将赋予外来人员同等的权利，从而使本地村民在当前以及未来失去其优势地位。

影响恳谈会的第二个因素是，地位不同的人在获取或处理信息的机会方面存在相当大的差异。这同样影响着他们对当前问题的认识以及对自己在乡村协商中所扮演的角色的认识。在这一方面，有些与会者要么坚守对某些问题的根深蒂固的看法，要么纯粹随大流，认同其他人的想法。

在另外一些时候，一些与会者不能理解或遵守已有的程序。这意味着他们掌握的信息不充分，或者完全没有理解正在讨论的政策。下面的情形就是这样。

协调员：你熟悉本村的自留地吗？
No.46：我不知道。我甚至不知道这些地在哪里。

第三个因素是恳谈会本身的社会条件。在社会和经济方面处于有利地位的与会者往往表现得自信或强势，这会直接影响处于弱势的与会者，他们常常发表自我贬低的言论和做出这样的姿态，或者因感到无能为力而不积极参与讨论。

除了这些持续存在的社会身份差异带来的阻碍，对扁屿村的协商的质量和机制都产生着持续影响的最后一个因素是分配给各程序的时间以及举行协商会议的频率。自从2006年我们在那边进行试验以来，每年只举行过次数很少的协商会，甚至每次协商会的时间只有1或2个小时。如果协商想要在该村赢得发展前景，这种情况需要得到大幅改善。

尽管社会身份差异问题导致协商存在这些明显的不足，但我们可以确信，扁屿村的协商的确使处于不同社会阶层的村民行使了明确的权利，可以利用相对平等的表达机会就村庄事务发表意见。

显然，上述因素对民主恳谈会和一般性的协商民主构成了挑战。无论如何，将恳谈会上的社会身份差异限制在最低程度是民主的必要规则。这不仅适用于在中国举行的恳谈会，也适用于其他国家的情况。例如，关于印度南部地区村民会议的一项研究也发现，社会身份差异会对协商结果会产生负面影响。

在举办帮助改善扁屿村的民主恳谈会的同时，我们真切地想要降低社会身份差异带来的影响，然而其中的某些问题仅仅凭借我们的制度设计是无法得到解决的。例如，与会者在社会身份方面的差异导致其表达能力存在差异这一点无法通过一两次协商会就被消除：它体现了一种社会思维模式，作为村民日常社会生活的一部分，它长期以来已经根深蒂固。我们只能通过一系列坚持不懈的民主恳谈会来逐步解决这一问题。如果这样的恳谈会继续举行下去，协商民主形成的对话和决策机制将产生溢出效应，影响到村民的日常生活，从而逐渐消除现有的社会身份差异，进而推动中国农村的民主发展。

六、结论

在某种程度上，扁屿村的民主恳谈会包含着协商民主的一些做法、观念和原则，例如相互尊重、参与、公共协商、机会平等以及影响决策的赋权。为了推动中国协商民主的发展，基于扁屿村的实践，适合中国的某些机制和制度应该准备就绪，其中包括：聘请村外协调员；随机选取参与者；事先发布信息；决策过程建立在讨论和调查问卷的基础上；领导干部不得参与小组讨论；建立由学者和其他专家参与观察的监督制度。当然，建立这些制度看起来相对复杂，但是它们能够使每个人都获得相对平等的协商机会和权利，并提高决策的合法性。实际上，这是从我们的试验研究中获得的关键经验。

扁屿村的案例表明，只要村庄的经济发展到一定水平（它会带来一系列的社会问题和冲突），就迫切需要协商民主的观念。实际上，在看到了乡村协商带来的各种好处后，一些明智的村干部现在越来越多地利用这些新的机制来减少社会冲突。最近，我们看到了政府在这方面的新投入带来的发展。我们有理由乐观地期待，不久的将来，在中国农村将有越来越多的村庄实施和改善乡村协商机制和制度。

论"社区"的多样性与中国的"社区建设"[*]

赵寿星[**] 著

[内容提要] "社区"是一个舶来品，20世纪两次落户中国。第一次是20世纪30年代至50年代初，由有留学英美背景的社会学师生引进，主张改进中国社会结构要从社区研究入手；第二次是1986年国家民政部为争取社会力量参与兴办社会福利事业，援引了"社区服务"的概念，1991年又提出"社区建设"任务，"社区建设"作为一种制度安排，遂在城乡陆续展开。具体言之，"社区建设"包括两方面的重点内容：一是构建领导核心；二是实现公共服务均等化。加强新型农村社区建设是推进新型城镇化过程中实现"就地城镇化"的最佳选择。

[关键词] 社区 社区建设 新型城镇化

一、"社区"概念进入中国

"社区"概念是20世纪30年代由留学英美学成回国的吴文藻及其弟子费

---

[*] 本文原载《国外理论动态》2014年第9期。
[**] 赵寿星，韩国启明大学研究生院院长。

孝通等为代表的燕京大学社会学系师生从英文"Community"转译过来的。据李培林等人编写的《20世纪上半叶中国社会学学术史》介绍，1929年，美国人文区位学的创始人罗伯特·派克（Robert Park）来华讲学，传播了人类生态学的理论。1932—1933年，派克再次来华讲学，并带领燕京大学的学生到北京的贫民窟、天桥、监狱、八大胡同参观，体验各种现实的社会生活。1935年，英国社会人类学家拉德克利夫－布朗（A. R. Radcliff-Brown）来华，阐述人类学功能学派的观点和"田野作业"的方法。吴文藻吸纳美国人类学家马林诺夫斯基（B. Malinowski）的结构—功能主义理论和美国社会学家派克的人类生态学理论，结合人类学和社会学，提出"社区研究"是社会学中国化的核心议题，主张改进中国社会结构要从社区研究入手。

通过把人类学整合进社会学，吴文藻提出的"社区研究"的核心议题奠定了中国早期社会学研究的基本格局。吴文藻培养了一批既有国外博士教育背景又扎根于中国国情的学者，如林耀华、费孝通、李安宅、瞿同祖等。吴文藻指出，针对中国国情，"大家用同一区位或文化的观点和方法，来分头进行各种地域不同的社区研究"，如民族学家应考察边疆的部落社区或殖民社区，农村社会学家应考察内地的农村社区或移民社区，都市社会学家应考察内地的沿海或沿江的都市社区。这样，静态的社区研究分析社会结构，而动态的社区研究了解社会过程，双方兼顾，协同并进，以求解释社会组织与变迁的整体。在吴文藻的倡导下，"社区研究"一时间成为中国社会学研究的主流。①

费孝通在《二十年来之中国社区研究》中这样说："当初，Community这个词介绍到中国来的时候，那里的译法是'地方社会'，而不是'社区'。当我们翻译滕尼斯的Community和Society两个不同概念时，感到Community不是Society，成了相互矛盾的不解之辞，因此，我们感到'地方社会'一词不

---

① 吴文藻：《〈派克社会学论文集〉导言》（1934年1月28日），载北京大学社会学家人类学研究所编：《社区与功能——派克、布朗社会学文集及学记》，北京大学出版社2002年版；参见李培林、渠敬东、杨雅彬主编：《中国社会学经典导读》（上册），社会科学文献出版社2009年版，第28—29页。

恰当，那时，我还在燕京大学读书，大家谈到如何找一个确切的概念，偶然间，我就想到了'社区'这么两个字样，最后大家援用了，慢慢流行。这就是'社区'一词的由来。"①

由吴文藻开创、费孝通践行的以村落为单位的"社区研究"使"社区"概念正式落户中国。但是，好景不长，由于非学术因素，1952年高等学校的院系调整，取消了政治学、社会学等学科，"社区研究"随之被中断，"社区"概念这个舶来品也渐渐被人们遗忘，淡出大家的记忆。这是"社区"概念第一次落户中国的情形。

随着改革开放步伐的加快，城市化进程和住房商品化改革的跟进，大量流动人口涌入城市，加大了城市社会管理的广度和复杂性。为了适应这一变化，1986年，民政部为推进城市社会福利工作改革，争取社会力量参与兴办社会福利事业，并将后者区别于民政部门代表国家办的社会福利，就另起了一个名字，称之为"社区服务"，由此引入了社区概念。

伴随老龄化社会的提前到来，社区服务的需求急剧增长，服务对象和服务范围进一步扩大。为推动城市社会福利工作的进一步改革，1991年民政部提出了开展"社区建设"的任务。1996年江泽民提出大力加强社区建设之后，青岛、南京、上海等城市积极行动、大胆实践、改革创新，积累了社区建设的初步经验。在1998年国务院机构改革中，国务院明确赋予民政部"指导社区服务管理工作，推动社区建设"的职能。1999年，民政部先后选择社区服务和城市基层工作基础比较好的26个城区为"社区建设"实验区，为全国城市社区建设的全面展开提供了探索经验。2000年11月9日，中央办公厅、国务院办公厅向全国转发了民政部《关于在全国推进城市社区建设的意见》（中办发〔2000〕23号），确定了地方党委和政府领导、民政部门牵头、有关部门配合、社区居民和社会力量广泛参与的新社区建设工作体系，宣告中国城市社区建设开始进入全面推进的新阶段。2001年，民政部又下发了

---

① 费孝通：《二十年来之中国社区研究》，载《社会研究》1948年10月第77期，转引自白益华：《中国基层政权的改革与探索》，中国社会出版社1995年版。

《全国城市社区建设示范活动指导纲要》。这是"社区"概念第二次扎根中国的过程。不过,"社区建设"目标的提出,使社区发展的多样性更加朝着制度安排的方向转化。

"社区"的多样性

滕尼斯的"共同体/社区"概念在世界各地传播的过程中与时俱进,不断溶进新鲜血液,使"社区"本身变成一个复杂的事物。这就是"社区"含义的多样性。因此,虽然大家都在说"社区",但是"社区"的多样性却提醒我们,世界上根本就不存在一模一样的"社区"。不仅各个社区所处的地域、国家制度、历史发展阶段、文化习俗等大不一样,而且就以中国人今天理解的"社区"为例,它与滕尼斯所说的"共同体/社区"概念也完全不是一回事。

首先,中国人说的"社区",完全不是滕尼斯说的"社区",中国人讲的"社区"是"社会"的有机组成部分;而滕尼斯讲的"社区",则是先于"社会"的结合类型,它与"社会"是一种对应关系。其次,中国人讲的"社区",注重地理方位,因为原来没有这个概念,所以叫"社区建设";而滕尼斯的"社区",注重精神、感情,追求心理信仰的归属,是在传统的自然情感一致的基础上紧密联系起来的小群体,叫"社区发展"最恰当。因此,社区的多样性随着时间的推移、地域的扩大和变动不居的人群组合而呈现出复杂状态。现代"社区"更多地是由不同籍贯出身、不同职业习惯的人群组成的生活场所,其人际关系变得更加复杂和疏离。国外学者依据不同的研究方法,将现代"社区"划分为多种类型。如美国学着桑德斯(I. T. Sanders)就归纳为四种:一是定性的方法,把"社区"理解为一个居住地。二是生态学的方法,把"社区"看成一个空间单位。三是人类学的方法,把"社区"视为一种生活方式。四是社会学的方法,把"社区"看作一种社会互助。[①] 造成现

---

① 参见方明、王颖:《观察社会的视角——社区新论》,知识出版社1991年版。

代"社区"多样性的因素很多,有的强调地域方位,如农村社区与城市社区的划分;有的看中功能,如工业社区、商业社区、文化社区、旅游社区等;有的从社区的历史发展、风俗、习惯、宗教信仰、地理环境来进行分类;还有的从社区经济发展和富裕程度来划分,如发达社区、欠发达社区、富人社区、贫民社区、中产者社区等;也有行政社区的划分,如农村以行政村为依托的村、组社区,或城市街道以居委会为依托的社区等。此外,随着"新农村建设"的蓬勃开展和城市旧城改造的带动,连片高层住宅楼拔地而起,各种别墅也大量涌现,新建"社区"呈多元化趋势发展,社区的多样性更加明显。

二、中国的"社区建设"

"社区建设"与城乡一体化

改革开放以来,随着经济体制改革的快速推进,城乡二元社会结构被动摇,上亿农村人口涌入城市,迫切需要全方位的社会改革以适应社会转型的需求。1991年,民政部提出了"社区建设"的任务,以破解这一难题。这与1985年联合国社会局推出的《通过社区建设,实现社会进步》报告有相似之处。该报告称:"社区建设可以说是一种通过全体居民积极参与和充分发挥其创造力以促进社区经济和社会进步的过程。"

在20世纪上半叶,西方发达国家普遍经历了大规模的城市化过程。过去那种出入为友、守望相助、富于人情味的社区生活不复存在,"社区消失论"一度甚嚣尘上。第二次世界大战后,随着经济复苏和城市化过程的新发展,社区研究又重新进入学者的视野。例如,美国社会学家奥斯卡·路易斯(Oscar Lewis)和赫伯特·甘斯(Herbert Gans)认为,城市化和工业化虽然带来城市社会的科层分化和价值观分化,但并未导致城市社区消亡,社区中的人际关系依然存在,只是表现为新的特点而已。桑德斯的《社区:一个社会体系导论》应用帕森斯的社会体系综合理论，从四种不同角度（即过程论、方法论、方案论、运动论）来讨论社区的发展。20世纪60年代，欧美国家兴起的"新社会运动"和"反贫困之战"以及形式多样的社区发展项目，在实践上有力地推动了社区发展。而联合国社会局所倡导的"社区发展运动"则致力于实现从传统社区向现代社区的转型。

中国政府倡导的"社区建设"，主观上固然是因为改革开放城市化过程所带来的社会问题需要解决，但客观上也是对联合国社会局当年倡议的回应：通过社区建设，实现社会进步。它肩负着由"传统"向"现代"转型的使命。所以，在中国，这个由政府主导的"社区建设"，从一开始就以其独特的姿态屹立于世界"社区"之林，成为中国基层社会的一种特有的制度安排。它通过改善和加强各项公共服务，建立和健全各种保障制度，向实现城乡一体化的目标推进。

社区党建与"社区建设"

然而，一个现实的问题就是，社区建设千头万绪，到底应从哪里切入最为有效？

根据中国经验，加强党对社区的领导机构的建设最为重要。所以，处理好社区党建问题，是搞好社区建设的头等大事。社区党组织是社区的领导核心，其职能发挥的好坏，直接决定着整个社区建设的好坏。因此，科学界定社区党组织的职能，充分发挥社区党组织的作用，构筑完善的社区党组织的运作机制，是城乡社区建设的共同任务。目前，中国城乡都把"社区党建"作为社区建设的头等大事来抓，创新迭出，呈多样化趋势发展。

例如，南京市建邺区在"社区党建"方面总结出了一套经验：一是"党的领导"在社区建设中全覆盖，"社区党建"成为"社区建设"中核心的核心；二是在此前提下，由政府财政出资设立社区公益金，为居委会开展活动提供稳定的经费保障，使居民自治名副其实；三是社区管理站的站长由政府公务员担任，管理服务站运转经费由财政承担，这就意味着"社区建设"是政府行为。

与建邺区的做法不同，上海市的"社区建设"是从创新组织设置、提升街道社区党组织领导能力开始的，通过区域化党建平台建设、规范化建设、信息化支撑和财力保障等四个方面，构建社区党建工作的支撑体系。

在农村，社区党建的工作也逐步推进。起初，在行政村改为社区后的一段时间里，由于城市化进程不一，各社区承担的功能职责不尽相同，社区党组织还要继续负担发展经济的职能，壮大集体经济的实力，为城市化进程中村民利益的实现提供保障。社区党组织还必须继续承担原村委会的一些社会管理职能，如计划生育、社会福利、治安保洁等。随着政府的行政推动和上级党委的协调与整合，乡镇党委自然而然地成为农村社区建设的领导核心，社区党建也就顺理成章地成为社区建设的重要内容。目前，各地农村社区党建基本上是按照农村社区的设置而展开的，依托社区划分的规模而呈多样性。

在经济条件较好、面积较大、人口较多的建制村，一般是建设一个社区，新建成的社区党组织完全取代原来的行政村党组织。

居住分散、地域相近的几个村往往联合组建一个社区，选择其中一个基础条件较好、经济实力较强的村为中心村，其他村都整建制地合并到中心村建立社区。原来的各行政村党组织解散，新社区党组织由全体党员选举产生。这种多村合建一个社区的情况千差万别，有的可以归纳为"小城镇吸附型社区"，有的可以叫作"中心村辐射性社区"，有的属于"经济强村带动型社区"，还有的是"行政村整合型社区"，也有的属于"城中村改造融合型社区"。

以上是农村社区党建的惯常现象或做法，但是，也有的地方社区建设中，原来的行政村党组织依然存在并发挥原有职能，新建的社区党组织发挥社区的领导服务职能，并行不悖，两套班子并存，联合办公。

农村社区党建是党在农村社区的全部工作和战斗力的基础，其运行机制的建立与完善是农村社区建设的根本保证。从当前农村社区建设的实际出发，把重点放在构建服务群众的机制上应是当务之急。

因为社区服务是社区工作的重点，社区党建的目的就是要按照建立服务型党组织的要求，实现服务方法和服务范围的"全面覆盖"；把服务群众、凝聚人心作为农村党建工作的价值取向，在服务中提高社区党组织的凝聚力；通过服务资源多元化、服务内容精细化和服务载体具体化来发挥党员的先进模范作用。

农村社区党建最集中地反映了中国农村社区建设的真谛，它是自上而下的政府行为，重在"建设"二字，因而有时忽略了对农村社区管理的主体即农民群众主动参与意识的培养和参与机制的建立。例如，河北赵县是2007年确立的全国304个农村社区建设试点县之一。该县民政局的数据显示，在试点村社区建设中，仅县乡村的投入资金就超过1000万元，这对于一个财政收入4亿元左右的县而言并不是一个小数字。以该县的试点村南白庄社区为例，该村的"社区建设"使该村拥有一栋二层办公楼，汇集了社区党支部、农业技术信息服务站、法律服务站、图书馆等"八室""六站"之类机构。然而，前来采访的记者一直等到中午，仍然是铁门紧锁，无人问津。这是活生生的现实写照。这种自上而下的"社区建设"至少暴露了两方面的问题：一是忽略了对农民群众主动参与意识的培养；二是缺少利益表达机制与农民群众参与机制的建立。这两个缺陷导致农村一些地区的"社区建设"还停留在作秀的层面上。

三、新型城镇化过程中的农村社区建设

目前，在宏观层面，农村社区建设是在政府推动的城镇化背景下展开的，它是中国现代化建设的历史任务；从发展经济的层面来说，推进城镇化，加快农村社区建设，也是扩大内需的有效途径。但是，各地城镇化建设偏重于规模的扩张，土地城镇化的速度比人口城镇化的速度要快得多。这就导致这样一种现象，即农民的土地被城镇化了，农民及其家属、子女未被城镇化。户籍制度使两者严重脱节。据国家统计局提供的数据显示：2011年，按照包括农民工在内计算的城镇化率是51.27%，按照城镇户籍人口计算的城镇化率只有35%左右。换言之，在中国，有近两亿生活在城里的人没有城镇户口，

不能享有城镇居民的待遇;大量的农民工实现了地域转移和职业转换,却没有实现身份和地位的转变,在社会保障、医疗、教育、住房等基本公共服务方面无法享受与城里人同等待遇。党的十八大报告提出要加快改革户籍制度,有序推进农业人口市民化,努力实现城镇基本公共服务常住人口"全覆盖",这仅仅是问题的一个方面。另一方面,在吸纳农民工进城落户的同时,还必须加大新农村社区建设投入的力度,加快传统农业现代化的转型进程,加快农村第二、三产业和小城镇的发展步伐,全面繁荣农村经济,全面发展农村各项社会事业,防止农村人口过度老龄化以及人口大量外流导致的"农业萎缩""农村凋敝"。要着力构建集约化、专业化、组织化、社会化相结合的新型农业经营体系,进一步解放和发展农村社会生产力。有必要运用城市建设的思路和办法,来规划和解决新农村社区建设的一系列问题。

第一,土地确权必须先行。

在农村新社区建设中,居民点的迁建和村庄撤并在所难免。遇到的问题千头万绪,然而,首先是土地确权问题。土地是农民最重要的资产,土地制度是农村的基础制度,要按照产权明晰、用途管制、节约集约、严格管理的原则,进一步完善农村土地管理制度。要建立归属清晰、权能完整、流转顺畅、保护严格的农村集体产权制度,健全农村集体经济组织资金资产资源管理制度,依法保障农民的土地承包经营权、宅基地使用权、集体收益分配权。要按照《中共中央、国务院关于加快发展现代农业进一步增强农村发展活力的若干意见》(2012 年 12 月 31 日)的精神,切实改革农村集体产权制度,有效保障农民财产权利。一要全面开展农村土地确权登记办证工作,健全农村土地承包经营权登记制度,强化对农村耕地、林地等各类土地承包经营权的物权保护。二要加快推进征地制度改革。三要加强农村集体"三资"管理。在推进城镇化过程中,土地制度改革是一道必须跨过去的门槛。要强化所有权,保障农民土地承包经营权的完整和稳定,实现户籍和农地承包经营权分离,在推进户籍制度改革过程中保证现有土地承包经营权的归属期限不变,并可以抵押和继承,逐步实现土地关系调节和处置的社会化、法制化。

这里,需要特别重申的是,必须以土地物权化为重点,深化土地管理制度的改革。换言之，就是在不改变所有权性质的前提下强化承包地和宅基地的用益物权属性，积极探索农业转移人口依法处置承包地和宅基地的有效形式。早在 2011 年，时任国务院总理的温家宝在中央农村工作会议上就明确指出："土地承包经营权、宅基地使用权、集体收益分配权等，是法律赋予农民的合法财产权利，无论他们是否还需要以此来作基本保障，也无论他们是留在农村还是进入城镇，任何人都无权剥夺。"中共十八大报告强调要提高农民在土地增值收益中的分配比例。2012 年 12 月 31 日发布的《中共中央、国务院关于加快发展现代农业进一步增强农村发展活力的若干意见》再次明确指出："依法征收农民集体所有土地，要提高农民在土地增值收益中的分配比例，确保被征地农民生活水平有提高，长远生计有保障。"这就明确回答了在农村土地管理制度改革中一定要使农民真正享有其土地增值收益中应得的份额，合理分享城镇化的"红利"。当然，农民如何享有土地增值收益中的份额，各地可以有不同的做法。其中，把更多的非农建设用地直接留给农民集体开发，让农民以土地作为资本直接参与工业化和城镇化，分享土地增值收益的做法，最为可取。这样，不仅适应了农民工进城落户和城镇化发展的需要，而且赋予了农民工对承包土地、宅基地和集体资产股权的自主处置权，为农民实现土地财产权创造了条件。

第二，进一步推进传统农村产业结构的改造。

新型城镇化与农村新型社区建设是一个问题的两个方面，目标都是致力于破解城乡二元结构之痼疾。它需要一系列顶层设计到位，各地才好操作。在这个过程中，不妨多做些创新实践，优先发展资源节约型和环境友好型产业，着力在提高资源利用效率、加大环境保护和防治污染力度上下功夫，对于传统的高污染、高能耗产业如造纸、化工、钢铁等，要进行严格监督管控，通过技术改造和兼并重组或淘汰的方式提升企业核心竞争力，减少"三污"排放，推动传统产业向低能低耗、集约和高效利用的"资源节约型"和"环境友好型"产业转型。

同时，在推进工业化创新建设模式上一定要尊重各地的差异性和多样性，在不同的社会经济条件下因地制宜。要坚持政府主导的顶层设计，包括产业结构与布局，但也要尊重农村居民的参与意愿，尊重社区成员的主体地位，发挥政府和社会的积极性，以避免过度市场化导致的失控或失衡。要找准产业结构转型的生长点，坚持城乡统筹，稳步推进城乡一体化进程。

在积极推进工业化进程的同时，不失时机地加快农村新型社区建设、推进农业现代化进程是城镇化的必然要求。中国工业化经过几十年的发展，已经能够支持农业向更加现代化的大生产方向迈进。但是，现行农村的家庭联产承包责任制却使中国农业仍然保持在小规模、分散化的传统生产模式上，因此，迫切需要创新农业生产经营体制，提高农民组织化程度，引导农村土地承包经营有序流转，鼓励和支持承包土地向专业大户、家庭农场、农业合作社流转，发展多种形式的适度规模经营，结合农田基本建设，鼓励农民采取互利互换方式，解决承包地块细碎化问题。还要积极创建农业产业化示范基地，培育壮大龙头企业，促进其集群发展，推动龙头企业与农户建立紧密型利益联结机制，通过保底收购、股份分红、利润返还等方式，让农户更多地分享加工销售收益。这是实现农业现代化的必由之路，可以为农村新型社区建设打牢坚实的物质基础。

第三，创新发展模式，实现新型农村社区建设的绿色转型。

2012年12月中旬，在北京召开的中央经济工作会议提出要着力提高城镇化质量，构建科学合理的城市格局，把生态文明理念和原则全面融入城镇化过程，走集约、智能、绿色、低碳的新型城镇化道路。这就为城镇化过程中的新型农村社区的功能建设指明了方向。

新型农村社区建设，应当根据所在区位的自然资源承载力和环境条件确定社区的边界、空间布局与规模，切忌粗放式扩展。鉴于三分之二城市缺水的严峻现实，新型农村社区建设要有前瞻性，要经过严格、科学的规划，同时应当加大政府主导的力度，充分尊重社区成员的主体地位和参与意愿，避免"能人"或"强人""一手遮天"的事情发生，保证各种基础设施齐备、运转正常；保证各项公共服务到位，没有盲区，可以满足农民的现代生产和生活需要。

第四，因地制宜，尊重地区的差异性，推动农村社区的多样性发展。

现阶段，伴随农村劳动力大量流动，农户兼业化、村庄空心化、人口老龄化、农业劳动女性化趋势明显，农村"三留守"、相对贫困等问题依然存在，各地通过迁村并居、拆旧建新，将节约、置换的土地复垦后用于农业生产用地，实现了节约农地资源，保护了生态环境的可持续性，应当说这是新型农村社区建设的一大亮点。目前，各地正在因地制宜地结合本地资源禀赋、生态容量选择与资源环境承载力相适应的推进路径。

因地制宜，换句话说，就是要尊重各地区的差异性，不搞人为的"千篇一律"或"千村一面"。新型农村社区的布局、规划，既要符合现代农民的居住需求，又要与农村产业发展相协调，而且还必须具备完善的基础设施和社会化的公共服务设施，有利于破除城镇内部二元结构，有利于实现公共服务均等化，否则，没有产业发展作支撑，新型农村社区就会变成"睡城"。

在推进新型农村社区建设过程中，人们往往热衷于用"模式"来说事。由于人们的关注点不同，所归纳的"模式"类型也是数目繁多。

厉以宁从农民就业的层面上对城镇化进程中农村新社区建设"模式"所作的分类，与李强等"按城镇化推进模式"分类或吴晓林等"从社区建设主体或层次上"分类一样，反映的都是新型农村社区的多样性。这说明每一个农村社区都有与同类不一样的特点，没有哪一个农村社区是雷同的，差异是不以人的意志为转移的。

我们在强调要因地制宜地推动新型农村社区建设的多样性发展的同时，还要尊重社区成员的主体地位，尊重他们的参与意愿，形成机制与制度，推动社区的可持续发展。在任何情况下，社区内部的力量整合都是最关键的因素。这里丝毫没有排斥政府支持的意思。相反，作为公共产品和公共服务的提供者，政府不但要为社区提供基本的均等化服务，更要帮助社区进行制度化建设，培育农村内部的自治组织，实现政府主导作用与农民主体地位的良性结合。

"制度安排型社区"的二次提升

2007年6月7日,国家发展改革委员会下发了《关于批准重庆市和成都市设立全国统筹城乡综合配套改革试验区的通知》,开启了统筹城乡综合配套改革试验的先河。从2009年开始,随着城镇化步伐的加快,肩负推进城乡一体化发展使命的新型农村社区建设在各地展开。

从成都等地的实践经验来看,这种新型农村社区已不同于以往那种以村落为依托、由分散居住的农户组成的老社区,它是在城镇化进入快速发展阶段提出的以推动城乡一体化发展、提高农民生活水平为目的,以实现集约化经营为主导,以移民搬迁和住房建设为契机的农村生产生活方式和基层治理模式的一次彻底变革。

这种"新型",究竟"新"在什么地方?较之过去,主要有三点:(1)由过去政府分别向农户提供公共服务,转变为农民集中到社区共同享受公共服务;(2)由从前的"家庭承包"(分户经营)模式向集约化经营模式转变;(3)由以前的传统乡村管理模式向新型的以服务为主导的城市社区治理模式转变。

随之而来的是乡村社会面貌发生了根本性改变:(1)过去,村与村之间有清晰的界限,村民自治以独立的建制村为依托;而新型农村社区是由多个建制村合并而成的,乡村社会结构发生了变化。(2)原有的农村是以家庭联产承包为基础统分结合的双层经营体制;而新型农村社区建设,农业生产将逐步由传统的小规模分户经营向规模化、专业化、集约化的现代农业转变。(3)原先的农民身份单一,随着新型农村社区建设的逐步推进,农民群体将实现分工、分业,部分农民将向第二、三产业转移;社区居民的身份不再单一化,而是呈现多元化,工商户、农户、工人各种身份并存。①

因此,新型农村社区建设可谓前程似锦,它是推进城乡一体化发展的重

---

① 参见邓川子:《农村新型社区建设中存在的问题和解决思路——以四川成都和山东济宁为例》,载《中国延安干部学院学报》2012年第4期。

要途径，又是乡村社会治理方式的创新，更是建设现代农业的必然选择。

四、结语

在上文中，我们回顾了20世纪30年代和80年代"社区"概念两次落户中国的不同际遇。进入21世纪以来，"社区建设"成为中国政府热心推动的社会变革之一。从2009年开始，随着城镇化步伐的加快，"社区建设"作为制度安排的形式被赋予"新型的"印记。"新型农村社区建设"是中共十八大着力推动的"新型城镇化"的有机组成部分。如果说"新型城镇化是一个过程"的话，那么，"新型农村社区建设"就在这个过程当中逐步升华，具体表现为农村人口比重下降，城镇人口比重上升；产业结构从农业经济向工业经济、服务业经济转化；社会结构从乡村社会向城镇社会演进。不过，这个过程不可能一蹴而就，需要坚持不懈地努力奋斗。

第一，新型城镇化首先应把解决农民工的市民身份问题作为头等大事来抓。"农民工"是改革开放以来进城务工经商的农民的通称。最新统计数据显示，现有农民工总数为2.6261亿人。他们长期在城镇里打工、经商、居住，但不拥有居住地的户籍。在中国，户籍界定了人的身份，农民进城，即使有了稳定的工作和住所，甚至在城里生养了下一代，他们及其后代仍然不能改变农民身份。而身份与社会福利挂钩，没有市民身份，农民在城里就业、教育、医疗、养老甚至购房等都不能享受与城里人一样的待遇。农民工的市民身份问题还涉及更广泛的社会问题，诸如留守儿童问题、留守妇女问题、留守老人照顾问题以及由此派生的异地高考、新生代农民工成家立业和养育下一代问题等，所有这些问题，只有在农民工的市民身份问题彻底解决之后，才能逐一解决。因此，我们说，新型城镇化首先是人的城镇化，就是这个意思。

第二，"新型城镇化"和"新型农村社区建设"是一个问题的两个方面，解决进城农民工的市民身份问题，必然遇到农民工在原籍的承包土地的处置问题。这涉及农村改革的根本问题——土地确权以及确权以后原承包土地流转问题。目前，有些地方在摸索进城农民工以"土地承包权"换"社保"的改革。只有这样，在实现农业现代化的过程中，土地适当集中和规模经营问题才能迎刃而解。换句话说，"新型城镇化"和"新型农村社区建设"必须协调推进，才能逐步破除城乡二元社会结构，实现城乡一体化发展。这里有一个关键问题，就是必须选准合适的产业作支撑，实现产城联动，依据资源禀赋，因地制宜，推进城镇化进程。否则会落入缺乏产业基础、人为"造城"的困境。

第三，生态文明应当贯穿新型城镇化的全过程，强调低碳环保发展已经到了刻不容缓的时候了。当前，我们面临的生态环境形势严峻，区域性复合型大气污染事件频发；江、河、湖、海大多受到各类污染物并存的复合污染，对人体健康已经构成极大的威胁；化肥、农药和水污染造成的严重的土壤污染已经直接威胁到食品安全。只有切实转变城镇发展模式，建设以低能耗、低污染、低排放为标志的生态城镇，才能找回"天蓝蓝，水清清"的童话世界。

第四，应把县域及中心城镇作为新型城镇化的生长点，重点扶持。相对于大中小城市而言，县域是新型城镇化的用武之地，也是城乡一体化的基础和关键环节。可以选择那些传统商贸型、工矿服务型、基地生产型或者交通枢纽型、旅游目的地型的集镇或中心村作为"就地城镇化"或"就近城镇化"的试点，按照市场经济的原则，充分发挥市场主体作用，尽快形成并完善城乡一体化发展的体制机制，扭转"土地财政"对农村耕地的侵蚀，使县域在产业布局、生产要素调整、资源配置等方面的协调功能得到充分发挥。在此基础上，应统筹县域城镇产业、公共服务、社会事业的发展，形成城乡经济社会一体化的新型城镇化模式。

第五，在推进新型城镇化的过程中，要注重保护优秀的历史文化遗存，如有特色的古镇、古村落以及寺观庙宇，加强对自然景观、人文古迹、碑刻等保护的力度，切忌"拆"字当头。文化是一个民族的精神和灵魂，促进中华文化的繁荣与复兴，应是新型城镇化发展的历史责任。

老龄化社会的社会保障问题[*]
——以澳大利亚和中国为例

华安德[**] 著　宋阳旨 译

[内容提要] 尽管澳大利亚和中国在政治、经济和社会体系方面存在差异，但在解决老龄化社会的需求方面，两国的公共政策都面临着相似的任务和挑战。澳大利亚的社保体系成熟、结构清晰并且建立了政策改革的框架，而中国在从计划经济向市场经济转变的过程中正试图建立一种新体系。要保证老龄化社会的稳定以及使经济管理可持续，两国都需要进一步发展和改善各自的社保体系。

[关键词] 澳大利亚　中国　老龄化　社会保障　养老保险

对大多数国家来说，老龄化人口和养老收入需求的增长已经成为社会保障政策面临的主要挑战。在许多发达国家，为老年人提供退休津贴、医疗及其他配套设施的压力日益增加，这已经成为公共政策的主要关注点。事实上，在世界其他地区，这一问题也日益凸显。澳大利亚国家统计局（Australian

---

[*] 本文原载穆巴拉克·柯蒂斯·安迪森和王晓义主编的《中国的可持续发展》（Curtis Andressen, Mubarak A. R. and Wang Xiaoyi eds, Sustainable Development in China, Routledge, London 2013, pp. 47 – 64），感谢作者慷慨赠予版权。译文原载《国外理论动态》2014 年第 7 期。

[**] 华安德（Andrew J. Watson），澳大利亚阿德莱德大学亚洲研究中心教授主任。

Bureau of Statistics) 2011 年的数据显示,自 20 世纪 70 年代开始,澳大利亚人口的预期寿命显著增长。20 世纪 70 年代,澳大利亚人在退休之后大约能活 12 年;但到 2010 年,这一数字已经增长到了近 20 年。在中国,计划生育政策的推行使得中国的人口状况迅速向老龄化社会过渡,民意调查显示,社会保障和养老收入已经成为普通公民最关注的公共政策。因此,这一问题已经成为全球关注的焦点,找到相应的解决途径对于经济、社会的可持续发展至关重要。

本文将首先剖析澳大利亚和中国关于养老问题的公共政策,虽然这两个国家的社会、经济体系迥然不同,但满足老年人的需要已经成为两国的共同责任;另外,两国在养老金累积的实际过程、养老金体系的管理和养老金发放方面也存在相似的需求。文章的第二部分将涉及养老退休收入的几个国际模型,并概括其主要特征。第三部分将着重考察澳大利亚和中国的人口状况及其老龄化社会的性质。第四部分将分别对澳大利亚和中国为解决养老问题而制定的公共政策进行分析。最后,本文将总结澳中两国在老龄化问题上的经验教训并试图探索一种可持续的解决方案。

标准模型

近年来,世界银行、亚洲开发银行、经济合作与发展组织等国际机构不断努力,试图分析政府在解决养老问题方面面临的政策选择,它们支持对政府政策进行的调查并在一些国家进行了试点工作,以提供政策建议,并最终认为公共政策需要确定的主要政策选择包括:(1)政府提供养老保障的程度应该多大。(2)公民自己养老提供保障的程度应该多大。(3)退休金的目标水平。(4)"现收现付"与"完全基金制"这两种模式哪种最好。前者由政府或者在职职工目前的收入支付退休职工的社会保障费用,而后者是在职职工从现有的收入中提取一部分费用积累用作将来的养老金。(5)养老金机制。(6)养老金支出管理规则。

总的来说,得到国家财政资金支持的"现收现付"模式正逐渐被"老年保险"或"缴费确定性"（defined contribution）模式取代。在"老年保险"或"缴费确定性"模式下，公民退休后的收入取决于其工作期间雇主和公民自己所积累的资金。换句话说，在新模式下，公民退休后所得到的退休金完全取决于之前的积累，它不再是公民最终收入的固定比例——这一固定比例的收入由政府资金提供。一般而言，最理想的目标是为公民提供其最终工资的60%。

这种模式不可避免地需要审慎的设计和管理。养老金缴费的征收、基金的管理和投资、养老金支付以及确保管理制度的安全性和透明性的机制应当完善而有效。因为从参加工作到生命终结，公民个人可能至少50年内都将成为支付计划的成员，因此，养老金系统必须保存好相关记录且要足够灵活，这样即使人们更换住所、转换工作或收入发生变化，也能够有效处理。另外，男女生活经历的不同也是应当考虑的因素。总之，标准的做法主要是一个"三支柱"（three-pillar）模式：（1）国家退休金。国家通常从财政收入当中扣除一小部分供公民养老使用，这能够为那些收入较低的人群提供基本的保障。（2）强制性缴纳计划。这些计划规定，由雇主或雇员或二者共同支付养老公积金，其中可能涉及减税等激励机制。这些累积的缴费最终将以养老年金或退休金的形式归还个人。（3）自愿缴纳计划。公民也可以选择在"强制性缴纳"计划之外，自愿缴纳更多的养老金，资源缴纳计划或许能从国家那里得到进一步的优惠政策或激励。

这种模式旨在增加公民个人养老积累的同时，减轻了国家税收负担，尤其是要考虑到，随着社会老龄化的加剧，承担退休人员养老费用的在职员工将越来越少。

其他相关的问题包括：提高退休年龄，从而增加人们的工作时间，缩短退休年限；统一男女退休年龄；停止现有的"固定收益养老金计划"（defined benefit schemes）等。然而，公务员和政府雇员享受"固定收益养老金计划"是一种普遍现象，一般公务员"固定收益养老金计划"是由国家财政出资的"现收现付"计划。

不论实际采取的养老方案的细节如何，如果无法充分满足老龄化社会的养老需求，无疑将造成严重的社会问题。不仅如此，更为根本的问题在于社会公平和公正，即必须为最弱势的人提供平等机会和帮助。尽管"三支柱"模型并不意味着所有人都能享有平等的退休收入（个人生平积累的各种资产都将影响他们退休后享受更高收入的能力），但是，公共政策需要探寻更好的方式以确保公民能享受相对不错的晚年生活。

澳大利亚和中国的老龄化社会

正如本文开头所述，澳大利亚和中国都已步入老龄化社会。澳大利亚的情况反映出了发达社会在人口方面的普遍经历——随着收入的增长以及女性受教育程度和平等性的提高，出生率却逐渐下降。而在中国，这一变化的迅速性体现了两大因素的配套作用：一是1978年开始实施的计划生育政策（一些贫困地区的夫妻除外）使得出生率降至1.8，二是伴随着经济迅速增长和城市化而来的社会和经济变化的影响，更为快速的人口变化出现，因此，中国向老龄化社会的过渡要远远快于其他社会。澳大利亚目前的人口总数刚刚超过2200万，其中65岁（男性退休年龄）以上人口占13.6%，接近300万，据估计，这一数字到2020年将增至16.4%，2050年将增至23%。不仅老年人占总人口的比例会增长，他们的预期寿命也会随之增长，因此，老年人与工作人口之比将会增大，保证充足的退休收入所面临的挑战将加剧。在减缓老年人口比例过高问题上，澳大利亚唯一能够利用的（相对于中国而言）一个重要因素就是"移民"。移民能够帮助澳大利亚实现人口结构的年轻化，但这一问题却引发了重要的政治辩论。

2006年，澳大利亚国家养老金占国内生产总值的2.5%左右，或约占国家福利署福利支出的三分之一。如果养老费用保持现有水平，随着老龄化人口的增加，到2046年，国家财政支出预计将上升到国内生产总值的4.4%。因此，公共政策面临的问题是：这是否是可持续的？随着劳动人口与退休人口比值的日益下降，劳动人口能否承担用于支付养老金的税收费用？财政体系又将如何应对这一问题？正如下文所讨论的，这类问题推动了澳大利亚公共政策的演化，关于这一点，澳大利亚政府已经做了很多对养老公共政策的评估和研究。

中国目前有13.3亿人口，然而，自1978年改革开放以来，巨大的社会经济变革以及严格的计划生育政策意味着中国向老龄化社会的过渡要远快于澳大利亚和其他市场经济国家。联合国相关研究指出，2010年中国60岁以上人口约占总人口的12.8%，到2050年将增至33.9%。同一份报告推测，自2010年到2020年，中国的抚养比率将从12.7%增至18.4%，到2040年将达到40.1%。虽然这些预测可能遭受质疑，也有人指出联合国先前的类似预估或许都低估了形势，但是中国目前的人口变化趋势意味着，即便中国立即改变人口政策，老龄化趋势也不可避免。这种情况要求将制定一系列可持续的退休金政策放在急迫的首要位置，否则未来中国政府将面临巨大的挑战。目前，由于正处于从旧的计划经济模式向社会主义市场经济模式的转型期，中国的养老体系正面临许多复杂的选择。除了要像澳大利亚那样建立一个面向所有公民的平等有效的养老金体系之外，中国还必须确保有足够资源以满足其潜在义务。

这些粗略的比较强调了澳中两国必须尽快制定有效的公共政策，以为其公民提供养老金。否则，不仅将引发社会公正问题，而且还将破坏经济和社会的稳定。在文章余下两部分，笔者将分析澳大利亚和中国养老金政策的现状。

澳大利亚的养老金政策

为了应对老龄化社会的挑战，自20世纪90年代开始，澳大利亚开始推行自己的"三支柱"模式。这一模式包括国家财政支付的基本养老金、雇主缴费的强制退休年金（superannuation）个人账户以及公民个人自愿缴费的退休年金个人账户。1909年，澳大利亚成立了国家养老金体系，此后经历了不断演化。如今，它已经成为一个面向全民的标准的国家体系，并由国家福利署进行管理。澳大利亚国家福利署于1997年由国会法案批准设立，直接对民政部部长汇报。它对澳大利亚政府负责，并承担起为澳大利亚公民提供社会服务和养老金的责任。除了管理养老金以外，它还提供了包罗万象的其他社会服务。

国家养老金由财政收入支付。例如，在预算用于社会保障和福利（当年个人纳税总额为1227亿澳元），其中280亿澳元用于养老金费用。在2011年，社会保障和福利支出有望达到1317亿澳元（个人纳税总额为1630亿澳元）。所有的公民都有资格申请养老金——直到最近，女性的申请年龄是60岁以上（包括60岁），而男性的申请年龄是65岁以上（包括65岁）。

国家养老金的标准不高，目前单身人士能收到大约社会周平均工资的27%，一对夫妇能收到周平均工资的41%。因此，国家养老金的补偿比率较低，仅仅能为公民提供基本的生活保障。即便如此，这也需要经过收入与财产调查。如果一个人拥有其他收入来源，并且其收入水平超过了特定的门槛或其资产超过了一定的规模，那么他能领取的养老金会相应地缩减。公民财富达到一定程度时，就将失去领取养老金的资格。如同累进所得税体系一样，这种国家养老金逐渐减少的目的在于将国家利益相对公平地分配给有需要的人。如今，约75%达到退休年龄的澳大利亚人都在领取一定数量的国家养老金。

1992年，澳大利亚开始采用强制退休年金制度，作为一种覆盖所有在职职工的标准化养老体系。最初，澳大利亚法律规定，所有雇主必须支付工资的3%给雇员的个人养老账户，2002年这一比例上升至9%。目前，政府计划将这一比率提升到12%，有些雇主还单独与雇员签订协议为其提供更高比率的退休年金。个体经营者则可以建立自管的养老账户。

雇主向退休年金基金缴费。基金管理和运行的相关条例由政府制定，养老基金可以是盈利性质的，也可以是非盈利性的，还可以以行业为基础，例如所有大学雇员都参与的"大学养老基金"（unisuper fund）。目前，约有40万个这类基金，其中规模最大的约4000个基金涵盖了很大比例的雇员，此外还有许多个人自管的基金。这些基金将个人账户的基金进行投资，领域包括国内外股市、国债、房地产、基金和其他资产，等等。其目的在于维持并增加退休年金的价值，他们也可以从私人账户中扣除一笔管理费以支付自身费用。

每个退休年金的成员可以为自己的个人账户选择多种投资策略。通常基金信托经理会帮成员选择保守的（低风险，低收益）、均衡的（风险、收益相对有限）、增长的（高风险）、高增长的（风险更高、收益也更高）投资方式。潜在的假设是，从长远来看，如果经济增长保持良好势头，并且能妥善管理养老基金，那么成员每年约能获得5%的回报。然而，自2008年开始的经济波动意味着，许多基金在短期内可能会有所亏损。考虑到公民个人必须自己承担投资风险，未来的趋势是建议年轻人趁年轻时进行高风险投资，而随着年龄增长和退休的接近，转向更保守的策略。

退休年金个人账户是属于个人本身的，而且可以随工作转移，这样人们可以将原有的基金转移到新账户中。经常换工作的人会发现有好几个基金账户，他们可以将其统一在一笔基金账户当中。基金经理会就账户总价值定期向顾客汇报，包括投资选择和近期的盈利或亏损。目前澳大利亚养老基金涵盖总人数约为1100万，总金额约1.3万亿澳元，到2035年有望增至6.1万亿澳元。

虽然相关规定经常进行调整而且未来很有可能会再变化，但是人们55岁以后就可以动用部分退休年金。人们可以一次性领取全部或部分退休年金，也可以每月领取一次退休年金的收入。政府规定，账户年终余额中至少有5%必须作为当年的退休收入，不过这一比例可能会变，比如在全球金融危机的形势下，国家允许公民领取更少的基金以便将更多的钱保留在系统当中。个人账户可以不断获得投资收益，直至账户资金全部都发光了。其最终目标就是公民的账户中有足够基金，他们在晚年的时候每月可以领取充裕的退休收入。从政府的角度来说，如果个人账户退休金收入意味着人们不需要国家提供养老金，这也能减轻国家的财政负担。

澳大利亚养老体系的第三个支柱是公民的自愿性养老储蓄。这一领域的相关规定也经常调整。目前50岁以下收入较多的人从税前收入中缴纳的养老费用一年最高可达25000澳元，这大大减轻了他们的纳税负担，同时也让他们退休后可以享受免税养老收入。对于收入在某一水平之下的人群来说，如果他们自愿缴纳一些养老费，政府还会配套补贴一部分。这种税收激励机制和政府补贴制度意在鼓励更多的澳大利亚人为晚年生活早做打算。通过将来财政收入中养老金支出的预期性削减，政府目前放弃的税收以及财政预算中支出的补贴费用可以得到平衡。

澳大利亚退休金政策面临的挑战

前文的论述为我们展现了一幅"澳大利亚退休金政策"的大致图景，虽然其中省略了许多细节，但这一政策框架的原则和目标都很清楚了。越来越多的澳大利亚人都开始依赖退休年金作为退休后的收入，而政府提供的养老金则提供了最基本的社会保障。但是，最近全球金融危机导致的经济损失也预示着这一体系具有潜在的风险，尤其是对退休年金较少、剩余时间短的人来说，他们无法等到长期增长带来的收益。因此，澳大利亚的退休年金政策目前面临着不少的挑战，未来的公共政策需要进一步改进。

第一个挑战上文已经提到过，即为减轻财政负担而提高退休年龄。在当前的欧洲危机当中，这已经成为许多欧洲国家的一个主要政治议题。虽然澳大利亚国内对此也存在争论，但相关改革的推行相对顺利。1995年到2013年，澳大利亚女性的退休年龄从60岁逐渐提高到65岁，同样，从2017年到2023年，男性的退休年龄将提高至67岁。这种变化既体现了老年人寿命的增长、健康状况的改善，又表明了随着老龄化社会的加剧，国家不断努力减轻财政负担。

第二个问题是强制退休年金计划1992年才开始，最初仅占工资的3%，2002年增至9%，未来几年预计将增长至12%，这就意味着现在大量退休人员的退休基金个人账户中仅有少量积累。直到2037年，大部分退休人员的工作年限才能达到35年，退休年金体系才能随之成熟。此外，养老金替代比率并没有一个清晰的目标，要达到60%的替代率可能就要求人们要比目前缴更高的费用；从事兼职工作或临时性工作的人更是无法获得较高的退休年金。

这意味着在某种程度上许多人难免将依靠国家养老金。

第三个挑战是，目前的退休年金体系较为复杂。存在许多基金种类和投资选择，基金盈利效果差异显著，所需管理费各不相同。而且有证据表明，营利性和非营利性基金的盈利效果存在差异。一般人不擅长就他们的基金个人账户作出明智的投资选择和投资策略，而经常换工作的人常会发现自己有多个基金账户，从而容易搞不清楚自己账户的信息。为此，政府已经建立了一个系统，使人们可以追回"丢失的"退休年金个人账户，并将其整合到一个账户之中。但是公共政策仍需要探索更多途径以改善这一状况，以便使个人能够更容易地选择和管理自己的退休年金账户。

第四个挑战是市场风险。归根到底，退休年金体系的投资风险是个人自己承担的，全球金融危机加剧了这一事实，尤其对那些刚退休的人来说，根本等不到基金价值的恢复。风险无法避免，但公共政策需要考虑其潜在影响以及控制风险的方式。

最后一点是男女预期寿命的差异。一般来说，女性参加工作的比例较低，她们将工作之余的时间用于抚养子女和承担家庭责任，她们也更倾向于从事兼职或临时性工作。但是女性的平均寿命要高于男性，因此她们的退休生活时间更长，而目前男性的平均退休金约是女性的两倍，公共政策的发展需要更多地考虑这种性别差异。

为了应对上述挑战，近年来，澳大利亚政府进行了一系列政策评估，政府委托了许多专家就这些问题进行调查，包括撰写研究论文、举行公开会议和辩论、进行公众咨询和以一种公开、协商的政策发展方式来征集相关利益方的提案。最后，政府发布评估报告，根据报告的建议，政府可以考虑推行何种政策改革。关于退休收入问题，有三份评估报告很重要——《强制性退休年金评估》《国家养老金评估》《税收体系评估》。受这些评估报告的启发，政府已经在考虑一系列政策改革，其中包括提高退休年龄、将强制性退休年金缴费水平升至工资的12%、调整税收收益以帮助更多穷人以及简化强制性退休年金体系。虽然这些以及其他一些将来可能要进行的改革仍旧充满争议，比如改革的成本和收益如何分配以及如何保持各利益集团的相对平衡，但整个过程是开放性的。

中国的退休金政策

尽管中澳两国历史、社会和政治环境都不相同,但需要供养大量老龄人口的现实给中国带来了类似的挑战。直到 20 世纪 80 年代初,中国社会保障体系的运作仍与计划经济时期无异,没有全国统一的体系,社会保障由个人的工作单位提供。城市劳动者从他们的工作单位获取住房、医疗和其他福利,由雇主为其支付固定收益养老金,有时可高达离职前工资的 80%。就如同"现收现付"计划一样,它依靠雇主现有的收入养活退休人员,却没有积累资金满足潜在的义务。目前在政府部门工作的公务员和事业单位人员仍旧通过这一方式获得退休金。在计划体系下,个人所能享受的退休待遇取决于用人单位的状况、地理位置及其提供公共服务的能力。在农村地区,农民完全依靠农业集体单位的补贴,只要他们还能工作,就可以赚取一部分集体收入;如果他们没有其他收入来源,集体也会通过"五保"的形式为他们提供帮助——"五保"通常包括保吃、保住、保穿、保医以及丧葬。养老的质量取决于集体经济自身的强弱,富裕地区的公社能比更边缘地区的公社提供更好的养老保障。

这种体系适用于人口流动性有限的人口,被分配到用人单位之后,大部分人预期都会在该单位度过余下的劳动年限,并预期能从雇主那里获得退休收入和福利。单位之间没有关于福利转移的措施,因此换工作必须就养老金等福利权利进行审慎的协商。

在经济改革早期的 20 世纪 80 年代,这种以企业为基础的体系开始让位于一种以区县和城市行政机关为基础的社会统筹体系,这种体系将地方企业的义务汇集在一起。到 20 世纪 90 年代中期,城市改革速度加快,市场和私有经济发展,这种模式越来越难以维持;退休工人不断增加,维持"现收现付"计划的成本也随之增加。因此,1995 年之后,中国开始发展一种更加一体化和社会化的社会保障体系。自此,中国的社保政策朝着"社会保险缴费体系"的方向发展,该体系由人力资源和社会保障部下属的一个公共服务机构——国家社会保障局管辖。

2010年10月通过且自2011年7月开始实施的《社会保险法》概括了社保体系目前运行的基本原则,它涵盖了医疗、失业、工伤、生育和养老五个主要领域。这一体系仍在发展,不可避免地带有计划经济和中国改革的过渡性措施的遗留特征。但是,该体系的主要特征十分明确,在养老金问题上,中国正在努力构建一种明确的强制缴纳养老费用的保险计划。中国目前的养老金体系包含以下五个主要特征:(1)不存在面向全民的国家养老金体系,即没有"第一支柱"。(2)其基本设计是由雇主和劳动者共同缴纳养老费用的强制保险计划。(3)该系统尚未实现全民一体化或标准化。(4)覆盖城市无业居民的养老计划尚在推进中。(5)新型农村居民养老计划,即新农保,仍在改进,且与城市养老计划存在显著差异。

缺乏以财政收入为基础的、覆盖全民的国家养老金,意味着中国不存在"第一支柱"。老年人唯一可用的社会保障网络来自民政部推行的各类福利计划,它包括最低收入保障和社会救济服务。这些服务的水平和质量的地区差异性很大,经济拮据的老年人总是不得不主要依靠家人和乡村社会。

在城市,所有城市劳动者都必须参与基本的"老年保险计划",它由雇主支付的社会统筹费用和雇员的个人账户费用构成。目前,雇主支付的社会统筹费用相当于工资的20%,个人支付的费用为实际工资的8%。个体户、兼职员工和临时工可以加入该计划,但他们必须自己支付所有费用。账户中积累的社保基金由当地社保机构或财政部门管理,并且,法律规定社保基金的最低收益率为银行利率。支付社保费用15年或以上的公民达到退休年龄后有权利申请退休金,未交满15年的允许补交不足的部分。许多地方规定,劳动年限的最后5年必须是在同一地区才有权申请当地的养老金。每月养老金的多少取决于缴费年限、缴纳的社会统筹费用的数额、个人账户的数额、当地平均工资水平以及退休时实际的精算方法。月退休金由两部分组成:社会统筹部分是以当地平均工资水平为基数计算出来的一个固定总和;个人账户部分是根据个人缴费金额和账户积累的利息收益计算出来的。目前,社保体系已经形成了一个全国性的规则框架。但是，该体系的第三个特征是尚未实现全民一体化或全民标准化。受计划经济体制遗产的影响，这种体系是根据住所地（户口登记）和工作地而创立的。因此，到目前为止，这种社保体系仍旧在区县或城市层次运转，这就意味着不同地区有不同的标准，退休金的多少取决于当地平均工资水平和当地政府的补充能力。

社保基本计划适用于企业正式员工，因此不同的人群能够选择的计划的类型也不同。如上文所述，公务员和财政供养人员的退休金通常都由国家财政提供支持。城市无业居民可以参加新近发起的城市居民养老保险计划，这些计划一部分由当地财政预算给予补贴，一部分则靠个人缴费。在某些地方，外来打工者可以加入当地的临时性计划（它们区别于基本的城市社保体系），也可以参加城市养老保险。因此，人们选择何种社保计划及退休金的水平，因户口登记、工作地和职业的不同而各不相同。目前，社保结构的另一个重要特征是，在2010年新型农村养老计划出台之前，农村居民（指户口登记在农村地区的人）并无正式的养老金，他们不得不依赖家人和自己的财产积累，有时依靠当地的实验性的养老计划（这些计划根据当地经济发展水平而各自不同）。2010年，中国20%的区县开始实行新型农村养老保险计划，到2020年，这一计划将覆盖所有农村地区。与城市不同，农村养老计划享受国家财政补贴，同时需要农民自己支付一定的保险费用，该计划要确保60岁以上的所有农村居民，无论男女，每月每人至少可获得55元的退休金，这种最低保障由中央政府、当地政府和集体收入共同出资，具体比例取决于本地的经济水平。在一些贫困的西部地区，全部费用由中央政府承担；而在富裕的东部地区，中央政府仅支付50%的费用。此外，农民每月可以向个人账户中支付一些费用，同城市计划一样，个人账户可以在基本养老金之外提供额外的退休收入。虽然该计划在不同地区的推行状况不一（当地政府可以提高基本养老金的补贴水平，个人费用水平也可以发生变化），而且每月实际收益并不多，但这种新型养老计划的推行标志着农村社会保障体系向前迈进了重要一步：它建立了财政支付养老金和男女养老平等的原则，养老保障水平以后也有望增长。但是，这一计划的实施和管理仍面临着严峻挑战，尤其是如何维持可靠的记录、如何维护信息系统以适应人口结构变化和人口流动（例如游离于城市和农村之间的外来务工者）。

上述简要的描述已经指出了目前中国退休金政策的几个主要特征，自20世纪90年代中期以来，这一领域的公共政策得到了迅速发展，中国在保留过去遗留的框架的同时，也积极学习国际模式和经验。虽然这些计划目前仅仅覆盖了一小部分人群（见表1），但是建立社会保障机制已经成为"十二五"规划的主要目标之一。中国的最终目标是要建成一个覆盖全体公民的标准化、一体化的国家社保体系。然而，这一目标的实现面临着许多挑战。

表1 各种养老保险计划人数（百万）

名称	2009	2010	2011
总人口	1334.7	1341	1347.4
城市劳动者	311	347	359
外来务工人员总人数	230	242	253
城市基本养老保险成员	235.5	257	284
（城市基本养老保险中）领退休金人员	58	63	68.2
（城市基本养老保险划中）外来人员	26.5	32.8	
农村养老计划成员	86.9	102.8	326
（农村养老计划中）领退休金人员	15.6	28.6	98.8
城市无业居民保障计划成员			13.34
（城市无业居民保障计划中）领退休金人员			6.4

资料来源：1. 人力资源和社会保障部：《2009—2010年度统计报告》；2. 温家宝：《2011年政府工作报告》（2012年3月）；3. 国家统计局：《经济和社会发展年度公报》（2009年、2010年、2011年）

中国养老政策目前面临的挑战

前文介绍了中国目前养老政策的基本框架。显然，这一体系的设计体现了从计划经济框架向一种更加社会化、一体化的国家标准转变所面临的挑战。虽然有许多具体的操作问题，但这并不是本研究的核心所在，就政策发展而言,以下六大挑战较为突出:(1)体系碎片化。(2)建立有效的管理体系。(3)满足开放的劳动力市场的需求。(4)缺乏公平性。(5)遗留的赤字问题。(6)政策改革存在的冲突。

从以企业为基础的计划向地方社会统筹计划过渡必然会导致体系的碎片化。20世纪90年代末,城市劳动者拥有超过2000个社会保险统筹基金,它们在城市和县区运行。雇主支付的费用积累在这些统筹基金当中,这些基金被用于支付当地居民的养老金。因此,并没有对统筹账户之间的基金转移作出具体安排。地方政府依靠自己的统筹账户支付本地居民的养老金,各地的养老金水平和养老质量不可避免地存在显著差异。缺乏可转移性意味着,在城市之间转换工作也会涉及社会保障登记的转移,以及新地区同意接收这种转移,已经积累的社保金通常无法随工作而转移。因此,从1998年开始,中国社保制度改革的一个重要目标就是将社保统筹提升至更高层级。到2010年,已经有13个省份上报实现了省级统筹,不过实际的一体化水平取决于管理社会统筹的技术能力,改革的终极目标是实现养老保险的全国性统筹。

然而,要克服碎片化并建立一体化的国家社保体系需要下大力气改革管理体系。考虑到管理个人账户的长期性以及追踪个人住所、工作变化的要求,建立一个可靠、灵活的信息系统至关重要。这就意味着必须设计、推行一个可靠而有效的全国性的标准化、一体化的数据库。需要改进的地方包括:更强的信息技术能力,数据库、社保表格和社保卡的标准化以及流程的统一化。自21世纪初开始,人力资源和社会保障部通过"金宝工程"对这些体系进行了大量投资,社保部的网站也定期对这个工程进行通报。但是,建立一个涵盖13亿人口的一体化社保体系不可避免地需要大量的时间和资金投入。

这种碎片化导致的一个后果就是,以地方为基础的社保体系产生的转移障碍与开放性、一体化的劳动力市场的需求会产生冲突。中国的市场改革使得劳动力的流动性日益增加,这一点在往返于城乡之间的打工者身上最为明显。他们的户口登记在农村,因而很大程度上被排除在城市的社保体系之外。这些务工者大多是年轻人,流动性极强,他们的工资约为城市劳动者的一半。以前,不同城市对他们的社会保障采用不同的方案,如今相关规定要求将这些人纳入到城市基本的养老保险计划当中。然而，流动性强意味着他们的社保登记和转移的管理难度很大。在2010年中国开始采用社保转移的相关条例以前，一般的做法是外来打工者获得个人缴纳资金，而他们的社会统筹资金则纳入当地的社会统筹当中。虽然现在社保体系的发展使得城市和外来务工者转移社保更加容易，但要改善这一状况仍有许多工作要做。目前2.5亿农村流动人口（既包括在乡镇企业工作的人，也包括在城市工作的人）当中，只有不到15%的人被纳入了城市社保计划（见表1）。此外，如果他们加入了城市的养老计划，而退休后最终选择回到农村，那么就必须确保城市养老计划与农村养老计划之间的衔接。这一人群大部分都是城市里的年轻打工者，如果现在不为他们的养老做好准备，等到他们退休之时，问题将更为严峻。显然，养老体系设计仍有许多工作要做，以确保养老保险转移的壁垒不会成为劳动力流动的阻碍。

如前文所述，不同的人群享有不同的社保体系。而对个体经营者、非正式员工、兼职或临时工作者来说，进入社保计划是很困难的。地域不同、群体不同，所享有的社保体系和福利也不同。如同许多其他国家一样，中国的养老金积累和福利水平也存在巨大的性别差异。虽然澳大利亚或其他体系也尚未实现养老收入的平等化，但是要实现社会公平，公共政策就要试图减少弱势群体和穷人面临的问题，并致力于创设一个所有人都有权进入的标准化体系。

中国的过渡体系面临的一个独特的挑战就是遗留的赤字问题。当20世纪90年代中国开始实施新的社保体系之时，中国拥有大量已退休和即将退休的人口，虽然之前并无任何积累，他们还是被纳入到了新的保险支付体系当中。这批退休人员被分为三类："老"人（没交任何费用就加入了新系统）、"中间"人（新系统采用之后才退休，仅仅支付了部分费用）和"新"人（从一开始就加入新系统，支付了足够的退休金费用）。实际上，养老基金并不足以为所有的退休人员提供退休金。虽然在那些拥有年轻劳动力的、发展迅速的地方能够很快产生结余，但是，在那些历史负担较重的地方（比如有大量国有企业的地方），社会统筹账户接收了遗留下来的赤字。在这种情况下，农民工为统筹账户支付的资金能够用来弥补赤字，因为农民工流动之后，其缴纳的统筹账户资金却留在了原地。最近有讨论强调，积累和所欠债务之间的差额达到17000亿人民币。要建立全国性的一体化社保体系，就需要相关机制去平衡这些赤字，同样也需要加大财政投入以弥补过去所欠的债务。并不令人感到惊讶的是，《社会保险法》也要求政府保证弥补区县及以上地区的养老金赤字。以上这些问题进一步凸显了养老金管理透明化和责任性的必要。如果公民对社保基金的安全性和管理没有信心，那么对体系和未来社会保障的信任也会很弱。还有一个相关问题就是，在用积累的基金进行投资，以高于通货膨胀的速度增长并抵挡市场风险方面，中国的体系十分保守，仅仅允许进行银行储蓄和购买国债，社保金的投资回报目前远远低于工资和通胀的增长。最后，正如前文所述，社保政策改革存在许多冲突。这些冲突包括：（1）雇主希望实现劳动力成本最小化，不给劳动者（尤其是外来务工人员）进行社保登记以节省社会统筹费用。（2）城市当地居民希望保护本地享受福利的权利，拒绝让外来者进入或将社会统筹基金转移到其他地区。（3）当地政府想通过保证当地企业经营的低成本来吸引投资，以保护和改善地方经济。（4）发展和推行更加一体化的体系涉及财政和管理成本的分配，地方和中央政府对此存在分歧。

这些争论在某种程度上已经反映在中国社保政策的发展路径当中了。

因此，总的来说，我们需要在现有的预期、义务安排和政策发展的长远目标这两者之间取得平衡。所以自2009年起，这一领域的公共政策改革集中在以下四个主要方面：（1）减少社会统筹区的数量，以实现体系更大程度的一体化。（2）允许一定比例的社会统筹基金的转移，发展进行转移登记的管理体系，以降低社保账户的转移难度。（3）建立更好的技术和管理信息系统，促进社保体系的进一步一体化。（4）扩展社会保险计划，力争覆盖城市劳动者基本保障体系之外的人群。

显然，这些改革仍遗留了许多问题有待解决，但它们预示了社保体系改革的整体轨迹。

结论

本文分析认为，尽管澳大利亚和中国在政治、经济和社会体系方面存在差异，但如果要满足老龄化社会的需要，两国的公共政策方面有许多相似的需要完成的任务。澳大利亚的社保体系成熟、结构清晰，并且建立了政策改革的框架。而中国处于从计划经济向市场经济转变的过程中，试图建立一种新体系。为了保证老龄化社会稳定、可持续的经济管理，两国在公共政策的制定和执行上存在一些共同之处，都需要作出进一步的改善。

综合上文所描述的两国的积极和消极经验，本研究认为，要推动成功、持续的政策改革，必须注意以下几点。

1. 一个面向所有公民的一体化社保体系很可能可以兼顾社会的公平性和管理的有效性，它将降低流动性和选择性障碍以及服务条例的复杂性。

2. 为弱势群体和体系之外的人建立社会保障网络、提供退休收入，是国家的基本责任。

3. 覆盖60岁及以上人群的社保计划，其设计和操作的可携带性和灵活性十分重要，计划必须能及时回应个人情况的调整以及经济、人口状况的变化，另外，计划的制订和操作也需要得到公民的理解。

4. 设计一些既能使积累的养老基金在保本的基础上又能增值，同时又可以抵抗市场风险的方式是十分重要的。

5. 由于男性和女性的生活经历不同，在政策制定过程中需要考虑性别因素。

6. 最成功的公共政策改革和计划管理需要公开、透明和协商的过程，公民需要理解和信任该体系，平衡彼此利益冲突的方式应当经过讨论并加以阐述。只有这样，才能逐步建立公共信心，政策也才能得到广泛的支持并被执行。

市场、人口流动与中国户籍制度的变迁*

杨杰生** 著　赵 炜 译

[内容提要] 本文回顾了中国户籍制度的变迁,并探讨了国家、市场和流动人口之间的关系。文章着力于解释改革开放以来发生的关键的社会经济变革,以及为何户籍制度在市场导向型经济中仍然发挥着核心作用这一困惑。文章指出,集体经济解体、国有部门改革以及不平衡的区域发展给户籍制度带来了巨大冲击。作者通过新制度主义的分析范式来探讨制度如何影响人口流动模式,采用了"体制结构与能动主体"概念和制度区分类型假说来解释制度发生历史性变迁的过程,并对中国的户籍制度进行概念化。

[关键词] 户籍制度　人口流动　市场经济　新制度主义

市场与人口流动

改革时期的相关政策对户籍制度冲击巨大。这些政策改变了现行规章制

---

* 本文原载《中国的户籍制度:市场、人口流动与制度变迁》(*China's Hukou System: Markets, Migrants and Institutional Change*, Palgrave Macmillan, 2013)。译文原载《国外理论动态》2018 年第 2 期。

** 杨杰生 (Jason Young),新西兰惠灵顿维多利亚大学历史、哲学、政治科学与国际关系学院,新西兰当代中国研究中心研究员、项目经理。

度及其实际施行的运作方式，需要政府改革但并非废止该制度。此种情势要归因于国内人口流动的加剧，而有三大关键改革政策推动了国内人口流动的加剧：一是集体经济的解体和家庭联产承包责任制的引入，这释放出农业剩余劳动力，导致其转向非农产业寻求就业；二是城镇国有企业改革以及私营企业和市场的发展，这使得来自农村的转移人口得以在城市生存下来并参与城市的经济建设，也带来了借助城镇化努力改善自身物质生活的经济上的推动力；三是中国的特定区域在加速发展、引入外商直接投资以及创建合资企业方面加速展开，这些导致了地区不平衡与社会经济不平衡的日益扩大。

第一，人口流动的加剧被归因于集体经济的解体和家庭联产承包责任制的引入，因为它们使大量农业劳动力从土地上释放出来，进而形成巨量的剩余劳动力蓄水池。1978年之后的改革专门选择从农村开始，但这些改革并非一开始就打算将以家庭为单位从事农业生产的权利还给农民。但是，减征农业税、稳定公粮收购配额、提高农产品价格、增加国家农业投资以及承认集体有更大的自主权，"启动了农民和政府之间的一系列复杂互动，最后发展为家庭联产承包责任制和家庭农业的广泛推广采用"。农村开始将土地分配给单个家庭，从此家庭联产承包责任制的潮流势不可当。

中国的农业集体经济始于20世纪50年代末。建立大量农村公社并对农村劳动人口进行集体管理的动机，部分在于尽可能多地将生产能力置于中央和地方的管理之下，其目的是通过社会主义劳动分工以及授予中央计划制订者以指导并规划城乡经济交换的手段来全力提升农业生产效率。然而，集体化农业从未在生产率方面实现预期的增长。但是，家庭联产承包责任制不是农村土地的私有化。相反，"土地所有权"仍归"集体经济组织"所有，只有"土地使用权"和"土地经营权"承包给了单个家庭。这实际上是在土地所有权未私有化的情况下将农业生产私有化了。家庭联产承包责任制的普及极为迅速，1978年的普及率还是0，到1980年只有14%，而1984年之后就变成了99%。引入家庭联产承包责任制之后，主要是由于生产率的提高，中国的粮食产量几乎立即就实现了增长。随着家庭联产承包责任制"实验"的好处日益明显，政府对这项制度予以了正式肯定。

家庭联产承包责任制为提升效率和生产力带来了推动力，从而导致对农业劳动力需求的减少，结果就是农村地区出现高失业率。中国农村地区重新回到以家庭为基础的农业生产模式，农民重新被允许向国家或者当地和城镇市场出售富余产品，并可以从事副业充实自家财富，于是，一波本地办企业的浪潮席卷中国农村。但是，集体经济的解体也暴露出了农村地区巨大的就业不足问题，释放出中国最重要的自然资源——体量庞大的农村劳动力大军。

第二，城镇经济改革——包括国企改革、私营经济增长和诸多城镇特权的取消——为流向城市地区的农村劳动力创造了机会。在改革以前，国营部门乃是城镇经济唯一重要的驱动力。国营部门包括实行中央计划的国有生产体系、官僚管理结构、管理激励体制以及面向城市居民的社会公共服务与福利供给。此种模式成为国企体系的基础，在计划经济体系内发挥作用并引领着新中国的发展和现代化目标。但是，到了20世纪70年代，显而易见，这一体系无效、低产且再也无力促进中国实现经济社会的快速增长和发展。

即便如此，党内许多人依然不同意将国营部门私有化，他们担心丧失对国有资产的控制权和所有权，不想看到私人利益集团得利。而且，国有企业是计划经济不可或缺的组成部分，因此在完全不对整个经济计划体系（包括价格管制、银行系统和财政系统）进行改革的情况下要将国企私有化是绝无可能的。相反，计划制订者选择的方式是授予国营企业更多决策（计划、产出和投资）自主权，引入企业内部各单位根据自身生产效率获得工资奖金的"经济责任制"，引入有限的供求因素，鼓励国有企业改制为集体所有制。这一现象被称为"由破而立的过程"。

1984年10月20日，中国共产党第十二届中央委员会第三次全体会议决定将改革试验推向全国。国家给予国营企业在生产、供应、销售、定价、投资以及人事上的决策自主权，"以使（企业）成为追求利润的经济单位"。这就削减了中央计划的范围（重要项目除外），并且使指令性计划转变为指导性计划。价格逐渐由供求关系而非中央计划来决定。随着外贸和投资的扩展以及与国外的技术交流通过合资企业得到推进，个体经济和集体企业的发展成为国营企业的补充。国营企业在全部工业产出中的占比从1978年的近80%降至1996年的不到25%。然而，20世纪90年代后期，许多关系国计民生的重要国有企业重现辉煌，国家主导下的城市经济盖过了改革早期的乡镇企业而重获优势。但是到了这时，尽管有所波折，私营企业已经在城市地区发展起来，成为中国经济奇迹的引擎。于是，城市经济的市场化程度已经达到足以消化中国农业劳动力的水平。

市场给了流动人口在原先无法生存的城市中生存下来的能力，并推动他们通过在市场经济占主导的城市中寻找就业来改善其经济生活水平。由于流动人口能够依赖市场经济在"计划外"生存，所以户籍制度的影响被削弱。从前，户籍制度得到严格遵行且极为有效，原因在于当时的政治经济制度安排不支持人口从农村向城市迁移，除非得到政府批准，户口才能迁移。若非市场经济使得人们能够找到工作或创业、吃住不愁并购买医疗和教育等基本服务，"计划外"生存永无可能。市场满足了这些需求，形成了一种有利于人口流动（不管国家批准与否）的环境。

此外，市场不但允许人口在国内流动，而且鼓励和需要这种人口流动。私营经济的增长为农村劳动力提供了工作，国营部门为保持其竞争优势也不得不雇佣合同工。作为"铁饭碗"的终身雇佣制、工作分配、供给制、国家提供住房、全民医保以及其他面向城市居民的公共服务——苏黛瑞（Dorothy Solinger）将其统称为"城市供应体制"——也逐渐被取消。随着私营经济的增长，对劳动力的需求也在增长，对于流动人口和竞相以市场价格雇用劳动力的企业来说，人口流动不但是可能的，而且也是需要的。人口流动促进了经济增长，经济增长又进一步刺激了人口的流动。

第三，由于改革的渐进性，最开始中国只有少数特定区域获得了市场机遇。特定区域对市场力量、外商直接投资和合资企业的逐渐"开放"导致区域不平衡和社会经济不平衡的扩大，这又造成欠发达地区和欠发达阶层的民众向外流动并改善其人生机遇的经济动机越来越强大。在毛泽东时代，中国的区域发展政策由两个目标所驱动：区域均衡（涉及从沿海向内陆转移财富的再分配政策）和国防（涉及位于内陆而不易遭受外敌袭击的三线地区的建设）。毛泽东逝世以后，政策制定者们提出"初级阶段"理论。邓小平认为，共产主义"要求社会生产力高度发展,社会物质财富极大丰富,所以社会主义阶段的最根本任务就是发展生产力"。"初级阶段"理论强调效率优先,强调打开国门胜过自力更生。

对邓小平而言,效率意味着通过发展市场导向型经济来消除贫困,但是改革具有区域指向性。于是,政策制定者们通过让一部分地区和人民可以"先富起来"以创造出其他地区需要的资本和工业,来着手处理发展的问题。同样,将精力集中在开放政策上是以"国际大循环理论"为前提的。中国的政策制定者们认为,发达国家和新兴工业化国家越来越专注于发展非劳动密集型产业,这意味着中国可以利用本国的庞大劳动力发展劳动密集型的出口导向型工业以吸引外国投资。上述优先考虑事项以及对效率和开放的集中关注是改革开放后的区域发展模式的驱动力。

第六和第七个"五年规划"(1981—1985年和1986—1990年)最早提出并随即正式采纳了一种三区域发展模式。东部地区集中发展出口导向型工业和对外贸易;中部地区将力量集中在农业和能源领域;西部地区则专注于农牧业和矿产开发。三区域模式的目标是,发展东部地区,积累外商直接投资,然后扩展至中西部地区。东部地区的目标是通过一系列的"开放区"吸引外国投资来获得发展。1979年确定了包括深圳在内的4个"经济特区",1988年又增加一个。1984年确定了14个"沿海开放城市"。接着设立了其他的各种开放区,覆盖长三角、珠三角和闽南地区。

为鼓励其经济发展,东部地区享有五项"倾斜政策":第一,投资政策意味着沿海省份能得到更多的国家投资;第二,外汇自留政策意味着开放区享有更高的外汇自留比率;第三,税收返还政策意味着某些沿海省份被允许只向国家缴纳较小比例的税款;第四,价格政策意味着初级产品和农产品相比工业制成品实质上被压低了价格(所谓"剪刀差");第五,金融政策给予沿海省份和开放区在货币流通、信贷借款、建设债券发行以及私人金融机构设立等方面更大的自由。这一长长的倾斜政策清单说明,明确政府的作用对于理解中国经济奇迹以及地区差异的由来是至关重要的。

诸多研究已经确证,地区差异在导致劳动力流动加剧方面具有重要作用。

中国俗谚中的"孔雀东南飞"指的即人口流向沿海和南方地区寻找工作的明显趋势。这一点得到相关研究的支持,这些研究显示"流动人口"(floating population)数量增长最多的地区是上海、广东和浙江。即使当前实施了各种政策来促进中西部地区的发展,但"中国沿海地区,尤其是广东省的流动人口数量增长最多"。分省统计的人均 GDP 数据也显示,流动人口的区域密度与财富的区域分布之间存在正相关关系。同样,有关中国融入全球经济的研究以及有关流向中国沿海和城市地区的外国资本的地理分布的研究也发现,外商直接投资与来自农村的迁移人口之间存在正相关关系。因此,中国的人口流动模式与相对收入存在关联性。这样,城乡不均衡也推动了城市化进程。一项针对江苏和四川的城乡差异的研究发现,中国偏向城市的政策甚至可能正在扩大城乡收入差距。

城乡财富差距和地区间财富差距充当着中国人口流动模式的驱动力。例如,1980 年农村平均工资是城市平均工资的 40%,1985 年一度冲到 54% 的最高点,随后即一路下降,2006 年为 30%(据 2007 年中国国家统计局数据计算)。经济发展的"推力"和"拉力"——因不平衡发展和国家计划外就业机会的重新引入而加剧——形成了人口向城市和沿海地区流动的动机,人们流向这些地区是为了自己或孩子改善经济机遇。此外,由于农村劳动力的就业从低生产率的农业部门转向了高生产率的制造业部门,所以中国出色的经济增长是可以预期的。2005 年,农业部门的人均产出是 800 美元,但在工业、制造业和公共事业部门则超过 5900 美元——是农业的 7 倍还多。在宏观层面,劳动力从农业向非农产业的转移极大地提升了中国的生产力;在微观层面,则使中国农村居民形成了流向城市地区的充分动机。1978 年,约 80% 的人口居住在农村地区;但是到了 2010 年,这个数字已经下降到了 50%。

政策制定者们现在已经认识到,要维持中国的稳定增长,必须更加关注农村地区和中西部地区的发展。目前,政府的努力包括对所谓的"三农"问题(农业、农村、农民)以及十一五规划和十二五规划(2006—2015 年)对发展农业和中西部地区的关注,包括迫切需要推动的基础设施建设。然而,到目前为止,经济发展一直偏向于东部和城市地区的利益,事实证明,要调整这一趋势很难。

概言之，农业、国有部门和区域政策方面的三项重大改革给在完全不同的政治经济条件下制定的户口制度的运转造成了重大影响。上述改革将农业地区的未就业人口释放出来，同时在城市地区特别是东部城市地区创造了就业机会。由此，上述改革的共同作用形成了一种有利于国内人口流动迅速增长的经济格局。

因此，中国的市场化改革被大多数学者用来解释"计划外"国内人口流动的增长。主流观点将市场视作人口迁移的驱动力，这一观点可以追溯至恩斯特·莱温斯坦（Ernst G. Ravenstein）对1881年英国人口普查数据的分析。莱温斯坦认为，在大多数人与生俱来的"改善自身物质条件"的欲望中存在着一种"经济动机"，这一论断一直是人口迁移理论的基本假设。此外，还有学者指出："人口流动不是孤立的现象：商品和资本的流动几乎总是会促进人口的流动。"随着中国引入市场，商品和资本的流动"促进"了中国人口的流动。上述观点得到了三种人口迁移模型的支持：新古典主义模式、"推力—拉力模型"和刘易斯模型。

第一，在宏观层面，新古典主义经济学理论认为："国际人口流动同国内人口流动一样，缘于地区性劳动力供求差异。"劳动力从劳动力供过于求、工资低或就业机会少的地区流入劳动力供不应求、工资高或就业机会多的地区。在微观经济学层面，新古典主义经济学的人口迁移模型通过采用个体选择理论认为："理性的个体行为人作出迁移的决定，是因为成本—收益计算使他们期待能从迁移中获得（通常是货币形式的）净收益……理论上讲，潜在的移民将向获得最大预期净收益的地方迁移。"与莱温斯坦一样，新古典主义模型假定了"经济动机"的存在，即"个体迁移行为受到了寻求更好的经济机遇这一点的引导"。

第二，关于人口迁移的"推力—拉力模型"假定，正是迁出地与迁入地之间的差异驱动了人口迁移。埃弗雷特·李（Everett S. Lee）突出强调了影响人口迁移的四个因素："迁出地因素、迁入地因素、干扰阻力以及个体因素。"迁出地和迁入地都被解释为排斥和吸引潜在移民的或正或负的因素。迁移偏好受"推力"与"拉力"之间的权衡结果、"干扰阻力"(诸如路程、种族或移民配额)以及个体因素支配。特定地区对劳动力的需求对移民而言是"拉力",而其他地区相对的经济规模萎缩和人口过剩就是"推力"。不同于新古典主义模型,李认为:"迁移决定……永远不会是完全理性的,对某些人来说,理性因素远少于非理性因素。"

第三,刘易斯模型集中关注发展中国家农业部门的作用、"过剩劳动力"和劳动力向城市地区的转移,该模型是基于《劳动无限供给条件下的经济发展》一文提出的。该文将发展中国家的经济划分为两大部门:一是以低生产率和"过剩劳动力"为特点的传统农业生产部门;二是高生产率的现代城市工业部门。经济发展需要劳动力从传统部门向现代部门转移,直至所有剩余农业劳动力"人尽其用",然后工资开始增长。"随着经济活动的重心从农村农业向城市工业转变,必将会发生经济的结构性转型。"此一理论强调了对发展中国家国内人口迁移具有重要意义的两点(这两点对于中国而言尤其重要):一是城乡之间结构性差异的重要性;二是劳动力转移对发展进程的重要性。按照这一理论的预测,因城市的工资更高,中国的人口迁移将持续从农业部门流向城市部门,直至过剩农业劳动力被城市工业完全吸收这一拐点出现。中国将于何时达到这个"拐点"并完成结构性转型,依然是中国学界激烈争论的话题。

因此,上述三种关于人口迁移的经济学理论对于解释中国的城镇化和国内人口迁移大有帮助。但是,其他的一些研究也指出,国家在实现特定的经济增长和市场经济转型中扮演着关键角色。此外,程铁军、马克·塞尔登(Mark Selden)、苏黛瑞等人都认为,户籍制度对中国的人口迁移和定居模式依然重要。他们的研究展现了户籍制度如何适应新的人口迁移和经济环境,但同时依然在控制和规范定居行为方面发挥着作用。中国国内流动人口的各种居民身份可以被认为类似于发达国家中拿着临时工作签证的国际移民。因此,对中国国内人口流动的政治经济学研究必须认识到户籍制度在影响人口流动和定居模式方面持续发挥的作用。

制度变迁

市场经济的增长使得流动人口成为了推动中国制度变迁的一股力量。本研究以新制度主义作为理论框架,与权力研究一样,新制度主义一直是整个政治学研究中的一个核心范式。新制度主义理论认为,制度至关重要(尤其是政治和经济制度),因为制度影响着行为主体的行为。彼得·霍尔(Peter A. Hall)和罗斯玛丽·泰勒(Rosemary C. R. Taylor)将制度定义为"内嵌于政府或政治经济组织结构中的正式的,抑或非正式的程序、常规、规范和惯例"。正式制度指的是政治和经济体系中的规则、规范、指导原则和法律,而非正式制度指的是在制度环境中指导行为者作出选择的准则、观念、价值观和信念。新制度主义以相对宽泛的术语将制度与个体行为之间的关系予以概念化,它集中关注的是制度做了什么,它们为什么会持续存在。新制度主义理论强调与制度的运行和发展有关的权力的不对称,运用路径依赖和非预期后果(unintended consequence)等理论来考察制度。

新制度主义的三种主要理论分析方法虽然具有上述共性,但在本体论和方法论上都存在差异,这些差异造成这些理论分析方法之间彼此排斥。理性选择制度主义假定,制度行为者由他们在制度环境中作出的自我利益最大化的理性选择驱动。社会学制度主义吸收了"特定文化实践"的概念,它不仅包括制度的正式规则、程序或规范,而且包括"为指导人类行为提供'意义框架'的象征体系、认知脚本和道德模板"。历史制度主义力图通过着重强调时间、路径依赖、变迁和观念来解释制度如何影响行为者的行为。历史制度主义吸收了有关行为者行为的理性选择概念和社会学概念,着重指出政治事件必然发生在对决策或事件产生直接影响的历史背景之中。由于行为、态度和策略选择发生于特定的社会、政治、经济甚至文化背景之中,所以该理论强调诸项变量应被置于上述背景中来考察。因此,历史制度主义的研究试图在没有假设政治和经济会全面进步的情况下来解释与制度的稳定和变迁有关的问题;另一方面又认为,制度变迁源自各种历史性制度安排之间的互动以及包括社会经济变革在内的大量变革性变量。

历史制度主义提出了四种有关制度稳定性（不随时间变化/均衡）的理论。第一，研究者认为，任何一种制度都是在一整套更大的制度之中建立起来的，因此某一制度设置中的规则的改变将会遭遇来自涉及范围更广的一整套制度安排的抵制。第二，人类的各种预期是围绕一整套规则形成的，由于改变这些规则导致的不可预期性，所以人们会抵制改变。第三，变革会带来成本，因为行为者要投入大量精力来学习规则，所以人们会抵制变革。第四，因为制度影响行为，所以制度规则能够随时间推移影响偏好。当制度安排缓慢适应变化了的环境时，制度稳定性或制度均衡通常被表述为"制度黏性"这一概念。此外，历史制度主义学者认为，制度不但倾向于具有制度"黏性"且常常保持稳定，其发展或演变也依然具有"路径依赖性"。

路径依赖"拒绝那种认为相同的运行力量在任何地方都必将导致相同的结果的传统假定，而支持那种认为此类力量的影响将因通常从过去延续下来的特定环境的背景特征而得到调整的观点"。从过去延续下来的制度安排有着重要意义，因为它们推动着制度沿着特定路径发展。影响制度安排的其他变量自身会因先前的和当前的制度安排以及行为者习得的行为而得到调整。因此，当基于历史环境设计出的制度安排随着变化了的制度环境进行了调整并与其互动时，非预期后果就会发生。所以，路径依赖对于解释制度变迁受到的局限以及可能采取的路径而言是一个有用的概念工具，并被普遍用来揭示即使制度环境已经变化，但某一制度依然长期保持稳定的原因。

制度变迁仍然没有得到充分的理解。有些学者认为，制度会保持稳定（处于均衡状态），直至其面临外部冲击。这种解释因其局限性而招致批评，因为有时制度是在没有遭遇任何明显的外部冲击的情况下发生变迁的。内生性制度变迁理论（这些理论对制度变迁的解释不依赖于外部冲击这样的变量的存在）依然少见。沃尔夫冈·施特雷克（Wolfgang Streeck）和凯瑟琳·西伦（Kathleen Thelen）回顾了有关变迁问题的研究，对非正式制度和正式制度进行了描述，并提出正式制度安排与制度"施行"之间的"落差"这一概念来解释渐进式变迁。他们的评论指出，存在五种渐进的但具有变革性的基本变迁形式——替代、分化、累积、转换和衰竭；他们也指出，"现有研究文献中存在这样一种趋势，即低估变迁的程度，或者将一切可观察到的变迁简单归类为微小的、为适应已经变化的环境所进行的调整，旨在使现有的制度继续得以复制下去"。制度如何变迁、为何变迁以及变迁至何种程度一直是历史制度主义研究中最引人入胜的领域。因此，我们力图通过解释如下问题为上述争论做出理论贡献：在正式制度安排的某些方面已经发生改变的情况下，户籍制度如何以及为什么能够保持总体上的稳定性和连续性？我们研究这一问题的方法是考察中国快速的社会经济变迁与为计划经济时代所设计的户籍制度的运作之间的互动。

道格拉斯·诺斯（Douglas North）的著作《制度、制度变迁与经济绩效》为理解这些问题提供了早期的基础。诺斯对互动及其导致的渐进式变迁的关注表明，研究中国的户籍制度应特别重视制度与制度所处的环境之间的互动。此外，因为"社会制度的连续性将现在和未来与过去连接起来"，要想说明中国的户籍制度如何随时间发生了变迁，就必须理解"渐进式制度变迁影响特定时间点所作出的选择方式"。因而诺斯指出，要想完全理解任意时间点发生的制度变迁，就必须分析在该时间点作出的选择。为了理解中国的政策制定者们当前作出的选择，我们就必须理解将他们带到今日所处位置的发展路径。

此外，王飞凌的著作在怎样才能将户籍制度概念化方面富有洞见。他提出了一种有关制度划分和区分的分类方法，这一方法依据"他们是谁""他们拥有什么""他们在哪里"或"他们做过/在做什么"划分和区分民众。不同于欧美国家以技能和对资源的所有权（"他们拥有什么"）划分民众，中国的户籍制度代表着一种基于出生地（"他们在哪里"）的制度区分形式。王飞凌认为，户籍制度自20世纪80年代初以来一直在演变，现在也吸收了基于"他们拥有什么"的划分和区分标准。此外，中国的政策制定者们继续认为顺利通过刘易斯拐点这一挑战与城市化的治理有关，因此数量占优的农村人口不会使城市陷入困境。这样，政府坚持实施以配额限制永久人口流动的政策，倾力规避刘易斯拐点的到来。因而，现有的国家目标继续在户籍制度的演变过程中发挥重要作用。

最后,"体制结构与能动主体"之间的关系对理解历时性制度变迁至关重要。苏黛瑞运用这一方法来研究中国城市地区的三项制度:排他性控制人口流动的户籍制度;一整套的城市官僚机构;有利于城市特殊阶层的计划与供应制度。苏黛瑞指出了市场如何使得"农民"能够在一度被保护起来的中国城市地区生存下来,以及这种现象如何影响到城市地区的上述制度(每一项制度的目的都是为了阻止农民进城)的运作。苏黛瑞指明,流动人口、市场和国家之间存在"互惠互动"的关系和"相互改变"的关系,"流向城市的人口本身(与市场一道)对政策实施、管理模式以及管理者的行为具有重大影响"。

本研究试图通过集中探讨"户籍制度在改革开放后如何以及为何发生变迁",来深化我们对市场、人口流动和正式的国家制度(户籍制度)之间相互依赖关系的理解。我们研究了"制度安排的调整、政治动力机制与演变",并提出了如下观点:对户籍制度而言,改革是根据城市地区流动人口与政策制定者之间的互动(市场经济的增长使得这种互动成为可能),对国家目标的优先级进行重新安排并对国家目标进行重新界定的。